生か、死か、お金か

日経テレ東大学
「Re:Hack」
白熱講義録

ひろゆき
&
テレビ東京

集英社インターナショナル

生か、死か、お金か

日経テレ東大学「Re:Hack」白熱講義録

ひろゆき
&
テレビ東京

ひろゆき

価値あるものと価値あるものを交換する場合って、
お金で価値を決めた方が交換しやすい。
食べ物同士だったら腐っちゃうけど、
お金っていう貯蔵しやすいものにしようってことで、
単に手段として便利だから
残り続けるとは思うんですけど。

手段であるお金が
目的になっちゃった人が多いのが、
みんなが勘違いしてる理由なのかなと
思いました。

成田悠輔

人間っていろいろ考えて
〝本能に基づく生き方〟みたいなのを
排除していく動物じゃないですか。

子育てにしても生き方にしても、
本能に従っていくと面倒なことが起きたり、
お金がかかったり、トラブって被害者が出たり。
だから、だんだん

人工的に〝人間らしい生き方〟っていうのを
作り出してきた社会だと思うんです。

Narita & Hiroyuki Re:Hack

「Re:Hack」の収録風景。MC2人（成田・ひろゆき）は海外からリモート出演し、スタジオにはゲスト（乙武）とピラメキパンダが並ぶ。

Prologue

はじめに

普通であれば止めているようなことを、止めない番組

——ひろゆき

「Re:Hack」は、僕と成《なり》田《た》悠輔《ゆうすけ》さんがMCの番組だと思われていますが、僕はMCでもコメンテーターでも、やっていることはいつもと変わっていないんです。だから、自分がMCだという自覚はほとんどありません。

そんな中で「Re:Hack」が割と話題になったのであれば、それは**「僕と成田さんがMCをしている」っていうのは大きな要因ではなくて、「普通であれば止めているようなことを止めたり、カットしたりしない」**っていうところだと思うんですよね。「番組を制作しているプロデューサーの高橋弘樹《たかはしひろき》さんのアタマがおかしい」っていうところに、この番組の〝問題〟があると思います。

Prologue

はじめに

普通であれば止めているようなことを、止めない番組

僕は「この人の言ってることはおかしい」と疑問を抱いたら、徹底的に追及するタイプなんですよ。それで、他の番組でゲストを追及すると、周りの人から「ひろゆきさんの意見はわかりました。では、〇〇さんのご意見はどうでしょう」って途中で遮られることが多い。または「じゃあ、その話題はこの辺で……」って話題が変わったりする。でも、そういうのがこの番組には一切ないんです。だから**「追及されている人は、ひたすら追及されてドギマギして、それでもだれも止めてくれない」**っていう状況になってしまう。それで、逆に**追及している僕の方がちょっと不安になって、「これ以上言うのはまずいのかな」って思って、自分で追及を止めることになる。**そういうところがこの番組にはあると思います。

で、成田さんもおかしいんです。だって、成田さんも一応、MCじゃないですか？　だから僕が言い過ぎたら、成田さんとか高橋さんがちゃんと注意するべきなんですよ。

この番組は社会性がまったくない……というか、僕が一番社会性があって、

他のふたりに社会性がないっていう大問題もあります。

そうは言っても僕、成田さんに対しては、最初はそんなにおかしな人だと思っていなかったんですよね。普通に、まともな大学の先生だと思っていました。専門分野もそれ以外もいろいろ喋《しゃべ》れる人なんだろうなと。特に番組の初期の頃は、成田さんってちゃんと資料とかも準備していたんです。だから、僕は「やっぱり、ちゃんとした大学の先生だなぁ」って思ってたら、この本にも収録されている漫画家の蛭子能収《えびすよしかず》さんがゲストの回で**「嫌なことあったら、死ねばいいじゃないですか」**って過激なことを言ったりする。それで**「いやいや、あなた、人にモノを教えて食ってる人だから、そういうことを言っちゃダメでしょ」って思って、そのへんから「あ、この人、実はやべぇ人なんだ」**って、気づいた感じです。

で、そのとき、価値観の話にもなったんですよね。で、成田さんの価値観もどっかズレてるってわかりました。蛭子さんの回では「僕と蛭子さんは似ている」って話になってますけど、あのときは成田さんの〝生態〟が把握されていなかっただけで、成田さんも僕と似たようなもんですよ。

乙武洋匡《おとたけひろただ》さんがゲストの回は「Re:Hack」らしい動画になったと思います。それまで、彼の〝下ネタ〟を深掘りしてちゃんと聞く人はいなかったと思うんですよ。乙武さんは自慰行為ができないというハンデを負っているんです。まあ、そもそも手足がないからいろんなハンデを負っているんですけどね。でも、みんなはテレビに出ている乙武さんくらいしか見たことがない。すると、有名人だしトークが上手だし、乙武さんって勝ち組にしか見えないんですよ。

でも、一皮むいてみると自分ひとりではケツも拭けない。なので、ちゃんとそっち側の「勝ち組ではない」「健常者ではない」という部分を掘るのをやって、他の番組ではあまり聞けない話になったと思います。

一般論として「障がい者の人にそういうことを聞いたらよくないよね」っていうのはあると思いますし、他の番組とか動画では多分、聞けないでしょうね。でも、「Re:Hack」では僕が掘り下げて聞いても成田さんも高橋さんも特に止めない。だから、この番組に何か問題があるとしたら、やはり、僕ではなくて、残りのふたりが危ないっていう話だと思うんです（笑）。

ビッグダディ（林下《はやしした》清志《きよし》さん）は、僕、ずっとファンだったんです。毎年、年末に放送される『痛快！ビッグダディ』（テレビ朝日系）を見てましたから。あの番組はドキュメンタリーなので、彼自身の考えをインタビューするというシーンは、ほぼないですよね。家族との喧嘩のときにビッグダディが「俺はこう考えてこうやっているよ」って言うことはあるんですけど、それ以外は彼の行動を見て、「きっとこう考えているのだろう」って視聴者が推測するしかなかった。で、家族のもめごととか彼の言動を面白く取り上げて、みんなはそれをエンターテインメントとして見る。

でも、実際にビッグダディにお会いして、どう考えているのかっていうのを掘ってみると、めちゃくちゃまともなんです。多数の人が言う正義とは違う部分もあるんですけど、ビッグダディとしてきちんと考え抜かれていて、主張に隙がない。

世間が思う「性に奔放で子どもをいっぱいつくっちゃった」っていうイメージとは全然違う人で、これだけ世に知られている人なのに実像をみんなわかっていなかったということがすごいと思いました。

多くの人って「本当の自分はこうなんだ。わかってほしい。伝えたい」みたいに思うじゃないですか。世間の見方を修正したい願望を持ちがちなんですけど、ビッグダディはそれがなくて、一般に広がっている自分のイメージを直したいとは思っていないんですよね。

で、なにかトラブルがあると「俺が我慢したり、受け入れたり、処理すればいいんでしょ」っていうスタンスなんです。子どもが借金を負ったときも「じゃあ、俺が返すわ」って、仕事を増やしたらしいです。そんなの周りにも言わないから、知らないじゃないですか？　奔放で自由気ままで、欲望に振り回されているタイプかと思いきや、子どもが借金を負ったら「俺が働いて返せばいい」と考えて、自分の時間を労働にあてる。他人を責めない。どんな問題も自分の問題として捉えて自分で処理する。大人としてすごいなと思ったし、「Re:Hack」でちゃんとそういう人間性を出せてよかったなぁと思います。

「Re:Hack」って表面的には、僕が変わった人のように見えるんですけど、成田さんと高橋さんの方がもっと変わっているということに気づいた方が、より楽しめると思うんですよね。言い換えると〝なぜこの番組が成立したのか？〟というのがわかると思う。

要は「番組の共演者として、その場にあなたがいたと想像してみてください」ってことです。で、僕がゲストに酷いことを言ったときに、「いやいやいやいや、ひろゆきさん、それはちょっと……」と思って止めますよね。そして、仮に僕を止めたとしても、その後に成田さんがもっと攻撃してたりするんですよ。だから、「え、あなたも攻撃するの？」っていう感覚になる。

そんな状況になったら、共演者のあなたは、はたして耐えられるでしょうか？　いたたまれなくなりませんか？　っていう状況を理解していただけると、この本をより楽しんでいただける気がします。

……って、こんな「はじめに」でいいんすかね。うはは。

目次

Contents

金が減ってヤバい」っておっしゃりながら、競艇とか麻雀で億単位のお金をすられてる／**貧乏臭い雰囲気を意識的に作ってる感じがする**／蛭子さん、嘘ついてるのかっていう……／別に金を持ってても良い人いるよねって、今はわかってると思うんですけど／他人との関わり方が殴り殺すっていう方向しかないのかなという／**「なんでこんな仕事受けてくれたんですか」って聞いたら「暇つぶしだよ、エヘヘ」みたいな**／蛭子さんってすごい売れてらっしゃるのに、おびえてる感じがしますよね／このヘラヘラ感っていうのは戦略なんですか／僕、おふたりはマフィアなんだと思うだったら家庭持たなければいいんですよ／10代の頃に家の自己破産とかの手続きをやってた人間なので／**でも、まあ死ねばいいですしね**／結局3人とも、ちょっとイカれてる人だと思う／「お金」がない世界が来るんじゃないかって気がしてならないんですよ／不毛な余生を謳歌していくというのがいいんじゃないかなと思いました

Episode 2

乙武洋匡

パラリンピック観に行ってきて、もう手に汗握る戦い。まあ握る手ないんですけど。

乙武さんだけはイジっていいっていう謎の空気それって、何の特権なんですか？／でも自分がマジョリティ側になると「これ笑っていいの？」って戸惑うことも／（週刊誌報道で）僕が社会的な死を迎えたのはある意味チャンスだったと思ってるんです／**渋谷で滑走する乙武さんを見て、「うわ、スゲェ。車いす、速ぇ」って**／乙武さん、イケメン枠と、ちょっと違う枠じゃないですか／実は20代のときに、トレンディドラマ出演のオファーがあったんですよ／ひろゆきさんが俺をイジると、また俺のマネジャーが喜ぶのよ／障がいのある子どもを育ててるお母さん方から感謝を伝えられることが多くはなりましたね／メディアがSNSに左右され始めたのは、ここ5、6年な気がします／**乙武さん、生まれたときから性欲がそんな強かったんですか**／この問題を解決する術なく放置されていたら虐待に近い拷問だなと思うんです／ホモサピエンスがあんまり得意じゃないので でも結婚はしてるじゃないですか／もう手足とかに縛られないで、行きたいところに飛んでいくっていう方が正解だと思う／なんで手を4本生やすっていうことを考えないんだろうとは思います／**ふたりに聞いてみよう 僕のこの体は障がいだと思います？**／乙武さんの異常なメンタルの強さは…… 褒めてる？ けなしてる？／ロンドンの方が不便なのに、東京より車いすの人をいっぱい見るってどういうこと？／東京だと話しかけちゃいけないってなんか思い込んでるっていう呪縛／教育は社会に出るための助走期間で、社会に出てからが本番なわけです

Episode 3

ビッグダディ

元嫁は5人、バツ7、(子どもは)全部入れると21人ですね。

俺が良い親父のように表現されてたんですよ すぐプロデューサーに文句言いましたね/「うるせえよ、黙ってろ」って言わずに、話し合いをしてることが譲歩なんですよ/**恐怖政治が一番簡単なんですよ** 統治のスタイルとしてはプーチン型の/俺、2ちゃんねらーだったんですよ/(子どもは)全部入れると21人ですね/**セックス=エロだとばっかり思っていることが、世の中をおかしくしちゃってる**/人間って〝本能に基づく生き方〟みたいなのを排除していく動物じゃないですか/ビッグダディって、肉体系な感じするんですけど、すごい論理的な人ですよね/**逆に林下さん、なんで子育てしてるんですか?**/この企画史上、最も自信に満ち溢れた社会論と子育て論/子どもっていないのが一番楽で、ひとりも10人も変わりませんよ/精力じゃないですか 僕はその精力ないので、だめなんです/今の世代を諦めて、20年かけないとだめでしょうね。(スタジオが)しーんとなっちゃったけど/**成田さんに丸投げしようかなと**/その能力に対する諦めって、どこで理解できたんですか?/今度は種子島に移住するんですよね **なんでそんなに島好きなんですか?**/全然、違和感が生まれなくてつっこみたい気分にならないってね

Special Contents

日経テレ東大学って？

テレビ東京コミュニケーションズと日本経済新聞社が運営するYouTubeチャンネル。「本格的な経済・ビジネスを、もっと楽しく学ぶ」をテーマに、大学の授業になぞらえたコンテンツ（番組）を配信し、チャンネル登録者数は100万人超に（2023年3月末時点）。主な番組は「Re:Hack」の他、経済討論番組「FACT LOGICAL」、天才たちへのインタビュー番組「まったりFUKABORI」など。難解になりがちな政治・経済・ビジネスの情報を気軽に楽しめるコンテンツが人気を博した。2023年3月末、終了。

◀人物紹介

Nishimura Hiroyuki

1999年インターネットの匿名掲示板「2ちゃんねる」を開設、管理人を務める。2005年株式会社ニワンゴの取締役管理人に就任し、「ニコニコ動画」を開始。2009年「2ちゃんねる」の譲渡を発表後、2015年には英語圏最大の匿名掲示板「4 chan」の管理人に。2019年「ペンギン村」をリリース。現在はフランス・パリに拠点を置き、多岐にわたり活動する。

Re:Hackって？

YouTubeチャンネル『日経テレ東大学』内の人気コンテンツの一つ。ひろゆき・成田悠輔によるビジネストーク番組として2021年7月にスタートした。ミクロな視点、マクロな視点で見る世の中の見方を、トークによりRe:Hack(リハック)し再定義する番組。

本書はYouTubeの
雑談コンテンツを元にしています。
忙しすぎて原稿のチェックが
できていないので、
責任は負えません。

ピラメキパンダ

Piramеki Panda
テレビ東京所属。以前は喋れなかったが特殊な実を食べこの空間だけ話せる。市井の一市民。たまに番組を仕切ります。

成田悠輔

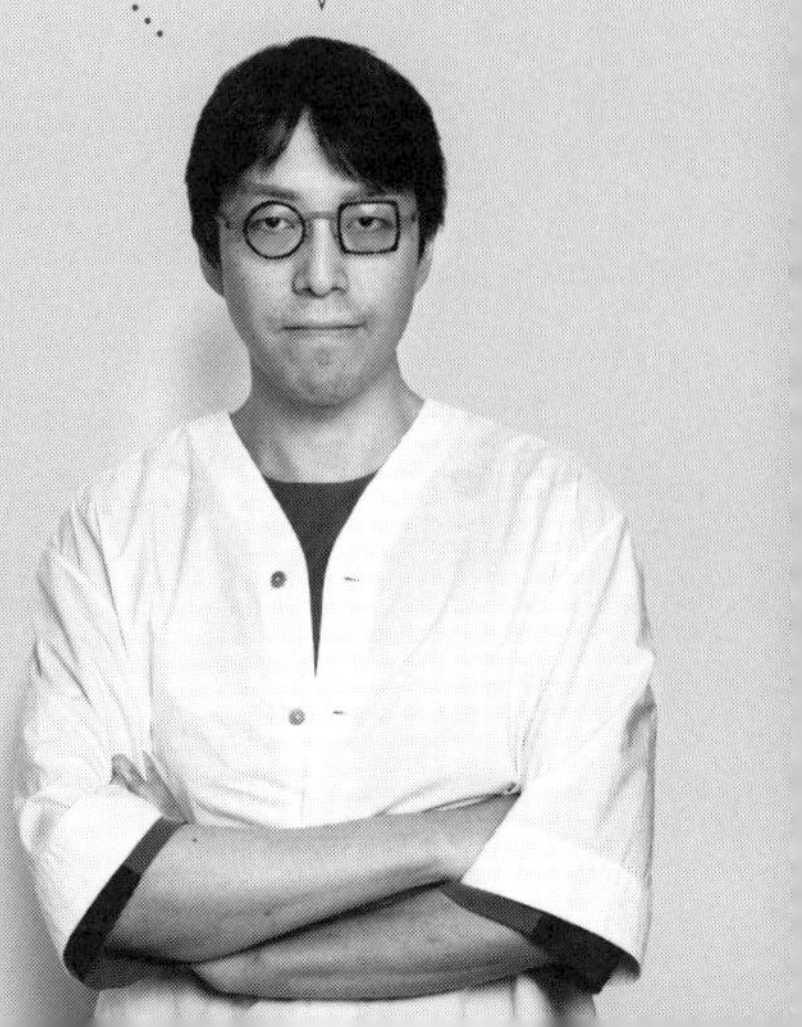

Narita Yusuke
夜はアメリカでイェール大学助教授、昼は日本で半熟仮想株式会社代表を務める。専門は、データ・アルゴリズム・数学・ポエムを使ったビジネスと公共政策の想像と設計。説明してもたぶん伝わらないマニア向けの研究・事業を行う傍ら、新聞・雑誌での執筆やテレビ番組でのコメンテーターなどでも人生を溶かしている。

写真＝丸谷嘉長
カバー、帯（ひろゆきさん・成田さん）
本文中（3p、5p、20・21p、162p）

※その他の写真はYouTubeチャンネル
日経テレ東大学「Re:Hack」より抜粋

Episode 1

今、一番とにかく必要なのは、お金ですね。

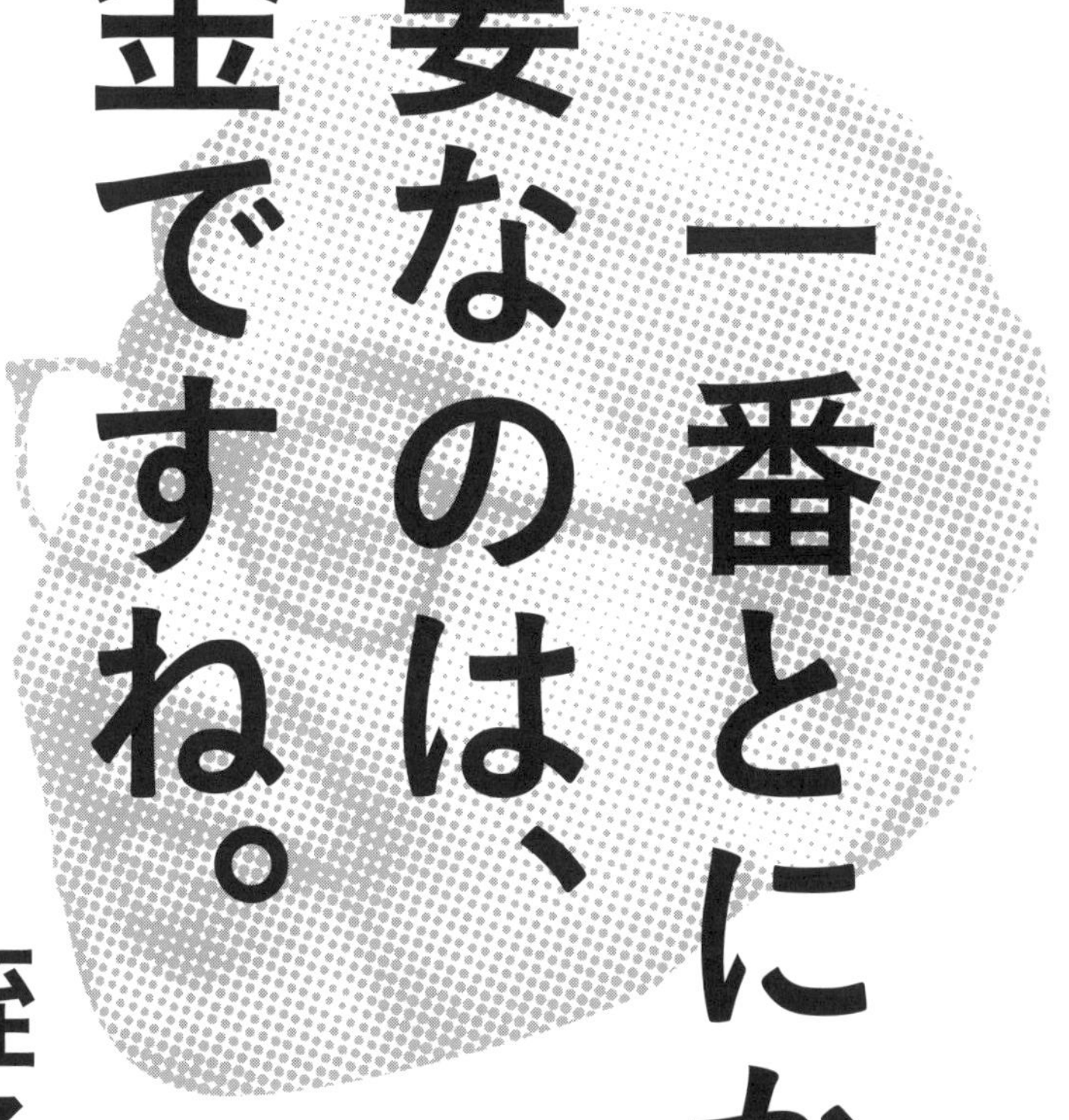

蛭子能収

蛭子

昔はギャンブルも麻雀も、
遊びに行ってたんですけど、
今はパッタリやめたんです。

成田

蛭子さんとひろゆきさんには
共通点があるんじゃないかと。
貧乏臭い雰囲気を
意識的に作られてる感じ。

Ebisu Yoshikazu　1947年生まれ。長崎県出身。漫画家、タレント。長崎から上京しサラリーマン生活を送りながら、1973年、雑誌「ガロ」で入選し、漫画家としてデビュー。主な著作に『ひとりぼっちを笑うな』『蛭子の論語』『死にたくない』（すべてKADOKAWA）、『ヘタウマな愛』（新潮文庫）、『蛭子能収のゆるゆる人生相談』『笑われる勇気』『認知症になった蛭子さん』（すべて光文社）、『おぼえていても、いなくても』（毎日新聞出版）など。2020年7月、認知症であることを公表。

悪いところは見て見なかったフリをするという主旨の企画です（成田）

成田悠輔（以下、成田）　えー、この企画は日本の偉人の皆さんをお招きして……。

蛭子能収（以下、蛭子）　イジン？

成田　〝偉大な日本人〟ですね。偉人をお招きして、皆さんの人生のいいところを学び、**悪いところは見て見なかったフリをするという主旨の企画です。**真面目な話をすると「日本の大問題について、それを新しい視点から考え直そう」みたいなことです。

蛭子　うわ、難しそうですね（笑）。

成田　そこで、国民的な漫画家で、かつ、前科1犯という蛭子能収先生に来ていただきました。もうひとり、前科はないけれどいろいろおありになる国民的ユーチューバーのひろゆき先生にもお越しいただいています。よろしくお願いします。

蛭子　よろしくお願いします。

ひろゆき（以下、ひろ）　……。

今、一番とにかく必要なのは、お金ですね（蛭子）

成田　蛭子さんは2020年にご病気（アルツハイマー型認知症）を告白されて、その後、『認知症になった蛭子さん』（光文社）を出版されました。すごいなと思ったのは、本の最初の方に**「認知症のありのままの姿をどんどん見せて、それで金を稼いでいきたい」って書かれてたんですよ（笑）。**

蛭子　お金をちゃんと貯めないと生活ができないんですよ。だから、**今、一番とにかく必要なのは、お金ですね。**昔はギャンブルも麻雀も、いろいろ遊びに行ってたんですけど、今はパッタリやめたんです。

成田　今回のお話として、「お金」「他人」「思い出」の3つのテーマを考えたんですよ。

蛭子　こういうのホントに知りたいですもんね。お金も他人も知りたいし。……思い出は、別にないかな。

ひろ　（笑）。

成田　僕、蛭子さんを子どもの頃からテレビで見ていて、「蛭子さんといえばお金」

というイメージがあるんです。今日来ていただけたのも単純にギャラのためなのかなっていう気が……(笑)。

蛭子 そうですね(笑)。**お金がね、だんだんなくなっていくんですよ。**

ひろ 毎月いくらぐらい使うんですか？　ご飯を食べるとか服を買うとか。

蛭子 それは女房に聞かないとわかりません(笑)。

ひろ 高いレストランで食事をしている雰囲気はないし、服とか時計にお金を使ってる感じもしないので、そんなにお金を使わないんじゃないかなと思えるんですけど。

蛭子 なるべく使わないようにしてます。

ひろ そうしたら、テレビのギャラとかが、どんどん貯まっていきません？

蛭子 それがね、全然、貯まらないんですよ。なんでだろう……。

初めてやったギャンブルって覚えてらっしゃいます？(成田)
麻雀で賭けるのはダメですね(パンダ)

成田 僕は蛭子さんとひろゆきさんにはいくつか共通点があると思うんです。

蛭子　……えっと、ひろゆきさんって誰だったっけ？

成田　ひろゆきさん、自己紹介をお願いします（笑）。

ひろ　僕の自己紹介って結構難しいんですよ。「ネットでひと財産当てて、その後フランスでダラダラ暮らしてる」っていう感じです。わりと無職に近い状態ですね。

蛭子　えー、私は蛭子能収。埼玉県所沢《ところざわ》出身です。

ひろ　蛭子さんの趣味って何ですか。

蛭子　趣味は賭け事ですね。ホントに賭け事が好きなんですよ。

ひろ　でも、今はギャンブルはやってないんですよね？

蛭子　今はもうやってないです。

ひろ　今の趣味は？　本を読んだり、テレビを見たり、映画を観たりとか。

蛭子　昔は映画が大好きで、しょっちゅう観に行っていたんですよ。ところが、最近はどういうわけか、作品が面白いとか関係なく、全然行かなくなっちゃった。

成田　映画もギャンブルも若い頃からですか。

蛭子　そうですね。

成田　初めてやったギャンブルって覚えてらっしゃいます?

蛭子　麻雀か競艇ですね。

パンダ　麻雀で賭けるのはダメですね。

蛭子　えっ、麻雀は……ダメでしたっけ?（笑）　麻雀がダメっていうのは、今初めて知りましたけれど。

ひろ　麻雀をやるのは良いんですけど、麻雀で賭けるのがなんかダメらしいですよ、日本的には。

蛭子　ああー、そうなんですよね。

ひろ　それで捕まっちゃった漫画家さんとかもいるらしいですよ（笑）。

蛭子　それは……なるべく捕まらない方がいいんでしょうけど。

「もうお金が減ってヤバい」っておっしゃりながら、競艇とか麻雀で億単位のお金をすられてる（成田）

成田　僕、蛭子さんが賭け麻雀で大変なことになられたときの記者会見を見て面白いなと思ったことがあるんですよ。「麻雀やってすみませんでした」っていう記者会見のはずなのに、**会見で蛭子さんは、いかに麻雀が面白いかっていう話をずっとしてる。**

蛭子　あはは（笑）。

成田　それと同じぐらい面白かったのが、警察官から「賭けたいんなら、合法のギャンブルをやりなさい」って言われたってお話しされてて。「『パチンコはやっていいんだよ』って言われたんだけど、パチンコはあんまり面白くないんだ」って。パチンコと麻雀の違いってどこにあるんですか？　蛭子さんが麻雀とか競艇に特にひかれるのってなぜなんですか？

蛭子　麻雀は頭を使いますよね。麻雀をやっている人は知的に見えるし。考え方が違う人が集まってるのが面白いんです。僕は（競馬や競艇は）穴っていって配当が大きくなるのを狙うやり方です。最近は勝ったことない。

成田　（笑）。僕、蛭子さんがすごく不思議な人だなと思うのは**「もうお金が減ってヤバい」「貯めなくちゃいけない」っておっしゃりながら、競艇とか麻雀で億単位のお金をすられてる**じゃないですか……。

蛭子　さすがに億単位はいかないです。そんなに使ったら、メチャクチャ怒られちゃう。

ひろ でも、お金が大事、お金が欲しいっていうのであれば、競艇や競馬、パチンコとか一切やらない方がお金貯まるじゃないですか。基本的にギャンブルは、やり続けるとお金が減るものですから。そこはちょっと、矛盾してる気がするんですけど。

蛭子 言ってることはホントによくわかります。でも、**買いに行っちゃうんですよ。**ダメなんですよね。

貧乏臭い雰囲気を意識的に作ってる感じがする（成田）

成田 僕、実はそれ蛭子さんの戦略なんじゃないかと思ってるんですよ。蛭子さんって、テレビに引っ張りだこで稼ぎまくって、すごいお金持ちになっても、**なんか貧乏臭い雰囲気を意識的に作ってる感じがする。**

蛭子 いやあ、そんなことは……。

成田 「お金をすっちゃう自分」「ちょっと弱い自分」を演出して庶民感を出してるじゃないですか。これ、僕、深い戦略なんじゃないかって思ってるんです。

嫉妬深いテレビ視聴者に恨《うら》まれたらヤバいみたいな。何か戦略とかってありですか？

蛭子　いやいやいや。そこまではホントに考えてない。

パンダ　成田さん、ひろゆきさんと蛭子さんの共通点って何だと思います？

成田　それは、お金持ちなのにお金持ちっぽい雰囲気を出さない点じゃないですか。ひろゆきさんは意識的にやられてるんですか。

ひろ　いやあ、僕と蛭子さんは一緒だと思うんですけど「いい服を着よう」とか「いい時計をつけよう」とか、興味がないっていうだけだと思うんですよね。

蛭子　そうです。まったくその通り。

ひろ　蛭子さんは風俗行かないじゃないですか？　僕も行かないんですよ。僕は単に、**世間の人が「お金があったらやりたい」っていうものに興味がないだけで、**別に貧乏そうに見えるような格好をしてるつもりはまったくないんです（笑）。たぶん蛭子さんも奥さんにあてがわれた服を着てるだけだと思うんですよ。

蛭子　そうですね。

ひろ　世間が「もっといい服着ろよ」って思い込んでるだけだと思います。

パンダ　世間ってお金が欲しくてしょうがない人ばっかりですよね。僕も欲しいですし。だけど、ひろゆきさんは稼いでるのに「使うことに興味がない」って言うし、蛭子さんはお金稼いだら全部船（競艇）につぎ込むじゃないですか。そういう人のもとにお金は舞い込む。**「お金ってなんなんだ」って思います。**

成田　**蛭子さんにとってお金は、ギャンブルと表裏一体な感じですか。**

蛭子　そうですね。

ひろ　蛭子さんが例えば、ギャンブルでスゲェ大穴を当てて、現金10億円になりましたっていったら、何に使うんですか。

蛭子　それは、また同じように使うだけです。

ひろ　じゃあ蛭子さんって、お金使う目的はもうギャンブル以外ないんですか。最近、買った高い買物って何がありますか？

蛭子　**女房が買ってきた晩飯（笑）。**

ひろ　それ、たかがしれてるでしょう。

蛭子さん、嘘ついてるのかっていう……（パンダ）

ひろ　蛭子さんが買った10万円以上するものって何かあります？

蛭子　買いたくて買ったものは、本ですね。

ひろ　年間に何冊ぐらい買います？

蛭子　**年間でいったら、6冊ぐらい（笑）。**

ひろ　それじゃあ、全然お金減らないですよ。

成田　たぶん年間で1万円ぐらいですかね。今日のギャラで賄《まかな》えますよ。

パンダ　**蛭子さん、嘘ついてるのかっていう……。**

成田　**いやあ、僕はそういう不信感があるんですよ。**嘘ついてるんじゃないかっていう気がして、すごいドキドキしてるんですけど。

蛭子　いや、俺は全然、嘘をついてるっていう感覚はないんですけどね。

成田　ひろゆきさんはどういうことに、お金を使われるんですか。

ひろ　わりと貯まってますね。蛭子さんは貯めたものをギャンブルで吐き出してると思うんですけど、僕、ギャンブルやらないので、貯まったままっていうだけです。でも生活構造は蛭子さんとそんなに変わらない気がするんですよ。

パンダ **若干失礼な質問しても大丈夫ですか。**

ひろ どうぞ、どうぞ。

パンダ ひろゆきさんってお金に興味ないように見えるんですけど、一方で**訴訟があったとき「賠償金は支払わない」って選択をしたじゃないですか、**法律に則って。お金は要らないけど払うのはむかつくっていう心理。その構造を聞いてみたいんです。

ひろ 別にお金要らないと言った覚えはなくて、お金をもらうために頑張るのが嫌なだけで、「入って来る分には別にウェルカムですよ」っていう。

パンダ ひろゆきさんって、お金を貯めるとか増やすっていう目的はおありになるんですか。

ひろ 別に僕はお金を稼ぎたいというわけでなく、何かやった結果として**お金がスコアとして貯まってるっていう状態で。**どうせやるんなら、この数字を大きくした方が面白いのかな、ぐらいですね。

別に金を持ってても良い人いるよねって、今はわかってると思うんですけど（ひろゆき）

成田 蛭子さんにとって、お金は不安を消すためのものなのか。それとも奥さんとか家族のためのものなのか。

蛭子 ご飯を食べるためのものですかね。

成田 お金がなくて苦労されたこととか、おありになるんですか。

蛭子 もともと貧乏な家に生まれたんで、お金持ちの嫌な雰囲気を叩《たた》いてやろうっていう考えはあります。なんか、ちょっと自分でも怖いですね。でも（漫画は）もっともっと怖く描かないと、見てる人は面白くないだろうなと思って描いてます。読者はどんなことを考えながら見てるかなって、考えながら描くのが好きなんです。

ひろ 漫画では蛭子さんの考えを描いてるようで、実は「読者はこれを望んでるかな」っていうのを描いてるだけで、本当に蛭子さんが思ってることは、違うんですか？　テレビの仕事をしてたら、もう周りのタレントさんってみんな金持ちじゃないですか。でも、みんなそんな嫌な奴ばっかりじゃなくて、**別**

に金を持ってても良い人いるよねって、今はわかってると思うんですけど。

蛭子　はい。

ひろ　でも（漫画の中で）金持ちは叩かなきゃっていうのが、「世間はきっとそう思うだろう、その方が喜ぶだろう」って、蛭子さんの考えとは違って、世間に迎合したことを描いてる状態になってる気がするんですけど。

蛭子　**もしかしたら俺も迎合して。**

成田　**迎合してる（笑）。**

蛭子　どうにでもなれっていう感じなのかなぁ。あんまりそういうことを考えなくなってます。

成田　漫画を描いてるときは無心なんですか。

蛭子　いや、もう、今は何も描きたくないぐらいですから。

成田　僕、すごい不思議だったのは、「お金が大事」って言いまくるのに、漫画は描き続けてきたわけじゃないですか。漫画、全然お金にならないですよね。

蛭子　いや、全然ってことないですけどね。

成田　でもインタビューで、「テレビとかに比べるともう全然だ」みたいなことをおっしゃってたじゃないですか。

蛭子 そうですね。

成田 そんなお金にならないことを、なんでやり続けられてたのかなと思って。蛭子さんにとって、漫画を描くってなんだったんですか。

蛭子 いやあ、それしかないから描き続けてるわけであって、楽しく描き続けてるわけじゃない。

ひろ だったらテレビの仕事、どんどん増やした方がむしろ楽じゃないですか。

蛭子 テレビの仕事はやっぱり難しいです。**お金も高くなるんで、相手がくれるものが高ければ高いほど、窮屈になりますもん。**

ひろ 高いギャラをもらうと、ちょっとなんか申し訳ない気分になるんですか。

蛭子 なんとなく、そうですね。

ひろ **したら、今日500円でいいですか、**気楽に。

蛭子 (笑)。

パンダ 500円でいいですか?

他人との関わり方が殴り殺すっていう方向しかないのかなという（成田）

成田 そうすると逆に、漫画はそんなにもらってない分、自由に表現できる感じはある？

蛭子 そうですね。**出版社の言い分も何も全然聞かずに描いてます。**

成田 まあ、そんな感じしますよね。

蛭子 そんな感じって（笑）。

成田 蛭子さんの漫画を読んでると、蛭子さんと他人との関係性が表れてるなっていう感じがするんです。よく言えば、好き勝手に描かれてますけど、悪く言えば、結構雑ですよね（笑）。

蛭子 面倒臭いんですよね。いろいろ。

成田 デビュー作の漫画、読ませていただいたんですけど。

蛭子 はい。

成田 展開に詰まられてることが多い印象があって、**詰まられると基本エンディングはほぼ同じで。**

蛭子 そうでした？

成田 **登場人物Ａが登場人物Ｂを殴り殺して突如終了**っていう。

蛭子 あ、そうですか。常に新鮮なストーリーで描きたいんですけど、なんか……。

成田 それぞれ新鮮なストーリーがあって、そこから最後、撲殺にいたるっていうのが、蛭子さんの鉄板ストーリーっていう感じで、**漫画を通じて表れてる蛭子さんって、他人との関わり方が殴り殺すっていう方向しかないのかな**という。

蛭子 **そうなんですよ。**なんかね、要するに「直《ただ》ちに衝撃を与えればいいんだ」「見てる人にすごいって思われればいいんだ」って描いてるもんだから、ストーリーが単純なやつばっかりになってきたんだと自分でも反省してます。これはもう痛いところを突かれたなという感じですね。

ひろ 描きたいものを描いてるわけじゃなくて、**描くとお金がもらえるから、とりあえず描いてるというのがずっと続いてるわけですか？**

蛭子 **そうですね。大きいです。**

ひろ テレビとかだと、仕事が来ないとお金もらえないけど、漫画だったら描けばもう必ずお金がもらえるっていうので、これさえあればお金がもらえるんだっていうのが、漫画しかない。

蛭子　そこんところはね、よくわかってないんですけど。これで幾らもらえるのかは、全然わかんないですね。まったく詳しくない。

ひろ　でも喋ったことを録音して、それを誰かに文章にしてまとめてもらうとかでも、蛭子さんの知名度だったらお金になるじゃないですか。そっちはやらなかったんですか？

蛭子　なんかちょっと恥ずかしくて。

成田　すごい控えめなんですね。あんまり自信がおありにならない？

蛭子　自信ないんですよ。

成田　でもそのわりに爆弾発言されたりもするっていう、面白いバランス感覚をお持ちですね。

蛭子　ああ、そうですね。

「なんでこんな仕事受けてくれたんですか」って聞いたら「暇つぶしだよ、エヘへ」みたいな（パンダ）

パンダ 今、お話を聞きながらふたつ興味を抱いたんですよ。ひとつは「成田さんがなんで『お金』をテーマに設定したんだろう？」という、成田さんの動機。もうひとつは「お金とどう向き合ったら、われわれ一般人は幸せなのかな」と。ひろゆきさんも蛭子さんも、ふたりともお金を増やしたりもらうことは否定しないんだけど、**お金に縛られてない**っていうのがすごいあって。ひろゆきさんに、**「なんでこんな仕事受けてくれたんですか」って聞いたら「暇つぶしだよ、エヘへ」みたいな**ことだったんですけど。別に仕事楽しそうであればするし、ギャラも受け取る。だけどギャラの多い少ないはそんなこだわらず、増やすものは増やす。蛭子さんもギャラもお金も欲しいけど、失うことは恐れず船（競艇）につぎ込むみたいな。お金との付き合い方に対して自由というのはすごい感じたんですよ。

ひろ 面白かったらやるし、みんながギャラもらってるのに、僕だけもらってないとそれって変だよねなので、一般的な額はくださいっていう感じでもらうんですけど。額自体がどうこうってあんまり気にしてないんですよね。蛭子さんもギャラの交渉とかしてるのかっていうのは、ちょっと気になります。

蛭子 **1回もしたことないです。**

ひろ じゃあ、お金は欲しい欲しいって言うけど「もっと高くないとやりません」とは言わない？

蛭子 言わないですね。ちょっとそれはすごい恥ずかしいなと思う。

成田 **そんな手の内をばらすようなこと言っちゃったら（笑）。みんな500円で仕事を送ってくるようになるかもしれない。**

蛭子 「これ、少ないよ」とか「もうちょっとちょうだい」とか言うのは、ちょっと言いづらい。そう言えば、すごい安い仕事もやってますね。

ひろ 断らないんですか。安いからやらないっていう選択肢もあるじゃないですか。

蛭子 断らないです。

蛭子さんってすごい売れてらっしゃるのに、おびえてる感じがしますよね（成田）

ひろ なんで断らないんですか。

蛭子 そういうのを断ると、どんどんどんどん仕事が入ってこなくなっちゃう。新しいお客も来ないし、ますます怖いことになっちゃうような。

成田 **蛭子さんってすごい売れてらっしゃるのに、おびえてる感じがしますよね。**

蛭子 （笑）。いやいや、売れてないです、そんなに。お金が全然入ってこないんですよ。

ひろ 蛭子さんの言う怖いことって具体的にはどういうことですか。

蛭子 まず原稿をなくしたら怖いです。

ひろ 原稿がじゃあなくなりました。テレビの仕事がなくなりました。収入がなくなりました。

蛭子 もうメチャクチャ怖いです。

ひろ でもそんなに高いものも食ってないし、年金とかでなんとかなっちゃうと思うんですけど。

蛭子　**いやぁ、でもそれ1個でもなくなると、怖くて怖くて。いろんなこと考えちゃいますよ。**

ひろ　毎月毎月、貯金の利子とかお金が湧いてくるようなものや、年金とかっていうのはないんですか。

蛭子　**ないですね。あれ、みんな払うべきものでしたっけ？　お金を払って。**

パンダ　マネージャーさんがもらってるって言ってますよ。

ひろ　そしたらもう働かなくても、ずっとお金が湧いて来るわけだから、嫌なことしなくてもいいんじゃないですか。

蛭子　いやいやいや。**それだと、今更こんなこと言うの変ですけど、男としてちょっとみっともないなと、それは思います。**

ひろ　**ギャンブルでお金を1億円近く失うのはみっともなくないんですか**（笑）。

蛭子　いや、それはそうなんですけど。それはまた別もので。

このヘラヘラ感っていうのは戦略なんですか（成田）

パンダ 話せば話すほど、蛭子さんとひろゆきさんは似てるなと思ったのは、こういう人って比較的、奥さんの尻に敷かれ気味な男性に多いのかなと思ったんですけど。因果関係ってあるんですか。

ひろ あるかもしれないですね。

成田 もうひとつおふたりに共通点がある気が勝手にしていて、蛭子さんって人の**お葬式で笑いころげちゃうっていうエピソードで有名**じゃないですか。

蛭子 ああ、そうなんですよ。はい。

成田 おふたりは、いつもヘラヘラしてるなっていう（笑）。人のことを考えてない雰囲気がすごくて、**このヘラヘラ感っていうのは戦略なんですか。**

蛭子 いや、ほんとに俺、葬式とか行くときに、「頼むから今日は笑うなよ」って自分で自分に……。

成田 祈りを捧げる。

蛭子 もうほんと、あれは欠点だと思ってます。

成田　なんでお葬式のときに特に笑っちゃうんですか？

蛭子　（笑）。

ひろ　思い出して笑ってるじゃないですか（笑）。

蛭子　漫画で……、自分、やっぱり死人を描いたり、殺された人を描いたり、そういうのを描くのがすごく好きなんですよ。血をダラッて流すところもいいし、描きやすいし。

成田　血、流れてますね。

蛭子　人をぶち殺すような、そういうの描くのが好きだから。

ひろ　ひろゆきさんは狙いとか、あるんですか？

パンダ　ヘラヘラは常時してる。これはたぶん遺伝だと思います。でも、葬式では、僕は演技をして笑わないようにできるんですよ。

ひろ　ああ、すごいな。

蛭子　「亡くなった人がいて悲しいです」って状況はわかるんですけど、**会ったこともないハゲたおっさんがよくわかんないことを唱えてるのをずっと聞いてるじゃないですか。**「このシーン、要らなくね」とか思いません？

ひろ　泣きながら「悲しいよね、あの人とこんなことあったよね」とか話をするならわかるんですけど、ハゲたおっさんがブツブツ言ってるのを聞いてるこの瞬間は、何故みんな違和感を覚えないんだろうって、僕は不思議なんですよね。

成田 **実際、人が死ぬって結構ギャグっていうか、コメディっぽい部分ありますよね。**人が死ぬといきなりスーツ着た葬儀店の人が、やたらめったら真剣な顔して近づいてきて、値段交渉し始めるじゃないですか。あそこからもう始まって、お葬式からお墓に行くまで、全般にギャグっていう感じはありますよね。

ひろ 非日常的なところだから、観光地に行ったような面白さがあるんですよね。いつもこんな人じゃないのに、お葬式だとすごい真面目な感じになるんだみたいな。スーツとか着ちゃうんだみたいな。

成田 **蛭子さんが本質をついてるっていうことなんじゃないですか。**

僕、おふたりはマフィアなんだと思う（成田）
だったら家庭持たなければいいんですよ（パンダ）

パンダ　奥さんの尻に敷かれてる人に、ヘラヘラしている人が多いなと思うんですね。どうですか、ひろゆきさん。

ひろ　いろいろなものに流されてる一方で、嫌なものから逃げるっていうので生きてきたんですけど、家族からは逃げられないじゃないですか。そうすると防衛本能としては、言われるがままにするっていうのが一番楽であるっていう構造になってるんじゃないかなと思うんですけど。

蛭子　ああ、たしかにね。

パンダ　結局、ひろゆきさんとか蛭子さんって、いつも自分本位っぽく生きてて、実は人のために生きてる人なんじゃないか説っていうのがあるんですよ。結局、ひろゆきさんも奥さんのこと結構大切にしてるのを自分では言わないんですけど、ちょっと垣間見えるんですね。蛭子さんもなんだかんだ言って、漫画で奥さんのためにお金を残すみたいな雰囲気とかたまに醸《かも》し出すんですよ。

成田　**いや、僕、おふたりはマフィアなんだと思う。他人は傷つけるんだけど、家族にはやたら情が厚いっていう。**ゴッドファーザー的なマフィアの世界を生きられてるんじゃないかという感じがしてきます。

ひろ　身内を傷つけて、身内が僕にずっと嫌な感情をぶつけてる状態で長い間暮らすのは面倒臭いじゃないですか。だから長時間一緒にいる人とは仲良くした方が楽だと思うんですよね。たぶん「楽な道、楽な道」に逃げる方なので。蛭子さんも漫画描いたらお金もらえるとか、テレビ出て喋るだけでお金もらえるっていう楽な道を覚えちゃったので、普通の働き方とかしなくなっちゃったと思うんですよね。ギャンブルもちょっとこれで勝ったらスゲェお金が入るみたいな、楽に儲《もう》かるからというので、**楽な道に流れてるだけな気がするんです。**

蛭子 ああ、そうですね。

パンダ **いやいや、ちょっと成田さん、騙《だま》されちゃいけない。**僕はひろゆきさんにそれ聞きたいんですよ。**だったら家庭持たなければいいんですよ。**ご家庭を持つ理由ってなんなんですか、ひろゆきさんは。

ひろ 生まれたときに父親母親とか、僕、姉がいるんですけど、そういう家族がいる状態というのでまずスタートするので、じゃあ、父親を切りたいとか、母親を切りたいとか、姉を切りたいとかってならないじゃないですか。もう、こういうもんだよねというところで育っちゃってるので。

僕、一応結婚はしたんですけど、離婚するかどうかというのを考えると、離婚ってものすごいエネルギーもかかるし結構大変じゃないですか。**なので、選択肢として離婚って持たないことにしてるんですよね。**要は離婚できると思うとスゲェもめるので。もう最初から選択肢を持たない。人ってウンコ食わないじゃないですか。機能としては食えるんですけど、ウンコ食わないって人は決めて生きるわけで、同じように離婚って選択肢に持たないって決めてる感じですね。

パンダ　そこから得られる感情って、安心感みたいなものなんですか。

ひろ　みんながやってるから、やってみたら面白いのかなってやってみたら、**あ、これもう1回ここに入ると逃げられないんだっていうことに気づく**っていう、そういう感じです（笑）。

成田　**やっぱりマフィアの世界じゃないですか。**

10代の頃に家の自己破産とかの手続きをやってた人間なので（成田）

パンダ　成田さん、なんでお金をテーマに据えようと思ったんですか。

成田　**僕、蛭子さんみたいにすごいお金が大事だって言ってる人のことがよくわからない人間なんですよ。**お金に関しては、ゲームとしてさえあんまり興味なくて。僕、結構お金で苦労してる家の生まれなんですよ。父親が賭け麻雀で作った借金が雪だるま式に膨れて、**10代の頃に家の自己破産とかの手続きをやってた人間なので、**とんでもない事態になったことがあるんです。それが**「別にお金すっからかんになって破産までいっても、生きていくにはそんなに支障ないかな」という経験になってるんですよね。**以来、お金に執着なくて、入ってきたらそのまま人にあげるみたいな感じのことをずっとやってるんですよ。

一方で世の中の人って、「お金、お金」ってすごい言いまくる。日本経済新聞でもテレビ東京でもお金絡みの講座みたいなのをやりまくってる。あれはなんなんだろうなって、すごい興味があるんです。いろんな人にお金について聞いてみたいなっていうことで今回のテーマにした、と。

パンダ　ひろゆきさん、お金というテーマをどう思います？

ひろ　蛭子さんが言う「ご飯食べられなくなるのが怖い」みたいなのも含めて、お金がないことで不幸が来るのを避けたい。面倒くさいことを避けたい。だからとりあえずお金貯めとこうっていう感じですかね。
ただ、どれぐらい**貯めたら安心なのかっていうのをちゃんと計算してないと思うんですね。**例えば毎月好きなものを食べるのに30万円かかるとして、年金とか投資とか配当とかで毎月30万円入るようになったら、もう上がりじゃないですか。でも蛭子さんって、その計算をしてこなかったっていうことな気がするんですけど。

蛭子　俺、最初東京に来た頃、町屋《まちや》（荒川区《あらかわ》）で「これは無料ですよ」っていう食べ物がバーンって飾ってある店に入ったんですよ。ああ、これはいいなと思ってバーッて食ってたんですけどね。何日か経ってまた行ったら、もうそれはなくなってたんです。なんでそれがなくなったのか……。

パンダ　**豊かだった経験がふとした瞬間に失われてしまう恐怖が、原体験としてある、**そういうことなのかもしれませんね。

でも、まあ死ねばいいですしね（成田）

成田 それが、最後のテーマの「思い出」とちょっと関係してて。蛭子さん、認知症を告白されたじゃないですか。

蛭子 はい。

成田 記憶がグチャグチャになったり、なくなったりすると思うんですけど、過去の思い出とか記憶とかって、今まで以上に大事なものですか？

蛭子 いや。全然思い出せないんです。以前よりも「まあいいか」っていう思い、「無理して思い出さなくてもいいか」っていう感じになって。

成田 忘れていっちゃうことへの不安感とかは、そんなにない？

蛭子 最初はすごくあったんですけどね。意外と、意外とうまく話せてて、相手ともちゃんと話ができてるんで、「あれ、たいしてひどくならなくてよかった」って思ってるんです。

ひろ 蛭子さんの場合、もともとそういうキャラなので、認知症って言わなかったら、たぶん誰も気づいてないと思う（笑）。

成田　はじめっからボケキャラですからね。

パンダ　でも面白いですね、お金をテーマに話をすると蛭子さんは昔の食べ物の話、成田さんは父親の話と、それぞれ古い記憶と結びついた話題が出てくる。

ひろ　まあ、不安とか欲望ってのは、子どもの頃にできあがるんじゃないですかね。そこでできあがったコンプレックスとか穴っていうのは、大人になっても埋まらなかったりするので。

パンダ　成田さんってお金に興味がないっておっしゃったじゃないですか、さっき。どういう思いで、そのお金と向き合ってるんですか。

成田　**僕にとってお金は世の中がどう動いてるかを示してる、ちょっとしたバロメーターっていうか。**どこに水が溜まって、どこの気温が高いみたいなのとあんまり変わらない感じなんですよね。自分のコンプレックスとか思い込みとか心と、お金っていうのが結びついてないっていう感じがあるんです。

ひろ　お金がなくて食べれないみたいな恐怖感はないんですか。「いつでも稼げるから、俺、有能だし」みたいな感じですか。

成田　いやあー。**でも、まあ死ねばいいですしね。**そんなに必要じゃないんじゃないかっていう気はするんですよね。

蛭子 すごい怖いです。一番死ぬことが怖いのに。もう絶対俺死なないために生きてるっていう感じです。死ぬのがすごい怖い。

結局3人とも、ちょっとイカれてる人だと思う（パンダ）

成田 死ぬことへの怖さって、だんだん増してますか。

蛭子 増してるんじゃないですかね。怖いんです、ほんとに。

成田 じゃあ死ぬまでにこれだけはやっておきたいとか、強い欲望みたいなのはおありになりますか。

蛭子 なんか、あったんですけどね、今はない。

成田 逆に、過去を振り返って後悔されてることとかってありますか。**賭け麻雀で逮捕されたのは、今となっては良い思い出っていう感じですか。**

エヘッ。まあでも良い思い出といったら、また捕まったらいやなので（笑）。

蛭子 良い思い出ではないですよ、やっぱり。警察はそれなりに恐ろしいですから。「俺たちをなめんなよ」とか言われたので。もし喧嘩したら一発でやられてしまいます。

パンダ 結局3人とも、お金を失うのを結構恐れてない。**ちょっとイカれてる人だと思うんですよね。**どうするとその突拍子もない境地に行けるのか。

ひろ それこそ、不安を突き詰めるかどうかだと思うんですけど。例えば「ローンを返さなきゃいけない」って、返さなかったときに何が起こるか、よくわからないけど大変なことが起こるから怖いって、思考停止してるんですよね。でも「返せなくなりました、物件差し押さえられました、自己破産しました。はい、チャラです」なんです。

その後、クレジットカードが作れないとか借金ができないとかあるけど、別にクレジットカード持ってなくても借金しなくても暮らせるから、不安の要素はないよねって。そこの不安の要素をいちいち確認するかどうかの差なんじゃないかなと、思うんですけど。

パンダ 成田さんはどうですか。

成田 **いや、やっぱり死ねばいいんじゃないですか。**そんな難しい話じゃないと思います。世の中に流れてる情報とかアドバイスを聞かないのが重要だと思っているので。存在しない不安を作り出し、不安を煽《あお》ることで商売してる人たちがたくさんいるわけじゃないですか。もっとシンプルに考えればいいんじゃないかな、と。

「お金」がない世界が来るんじゃないかって気がしてならないんですよ（成田）

パンダ 成田さんがテーマに「お金」を設定したのって、好奇心だと思うんです。好奇心で、お金を分析していった先には何があるのかな、と。

成田 **「お金」がない世界が来るんじゃないかって気がしてならないんですよ。**と言うのは、僕、全然お金が重要だと思ってなくて、こんな重要じゃないものはいつか消えてなくなる、なくならない理由があるなら何なんだろう？お金がない世界はどんな世界なんだろうって思うんです。

ひろ 価値あるものと価値あるものを交換する場合って、お金で価値を決めた方が交換しやすい。食べ物同士だったら腐っちゃうけど、お金っていう貯蔵しやすいものにしようってことで、単に手段として便利だから残り続けるとは思うんですけど。**手段であるお金が目的になっちゃった人が多いのが、みんな**

が勘違いしてる理由なのかなと思いました。蛭子さんと僕がちょっとおかしな人っていう体で、話が始まったんですけど、**やっぱり成田さんが一番おかしいと思うんです。**死ねばいいって、そんな。中学生ですかって。嫌なことあったら死ねばいいじゃんみたいな。いや、そうだけどさぁ。

不毛な余生を謳歌していくというのがいいんじゃないかなと思いました（成田）

パンダ　では最後に、なんかお感じになったこととかありますか。

成田　やっぱ、蛭子さんのような人がもっと日本に増えてくれたら楽しく生きていけて、お金とか考えなくても済むんじゃないかなと思いました。蛭子さんの漫画を読んでるだけで、お金のこととか考えずに1日過ぎていくじゃないですか。だから今後もガンガン仕事をしていただいて、**蛭子さんの作り出したコンテンツをみんなで楽しんで、不毛な余生を謳歌《おうか》していくというのがいいんじゃないかなと思いました。**なので、結論としては、蛭子さん、是非今後も元気にガンガン活動して、漫画も描き続けていただきたいです。

蛭子　すみません。ありがとうございます。

成田　ということで、今日は日本を代表する国民的漫画家である蛭子さんに、「人生」と「お金」の秘訣《ひけつ》について伺いました。ひろゆきさんと蛭子さん、ありがとうございました。

パンダ　いやあ、メチャクチャ楽しかったです。ありがとうございました。

パラリンピック観に行ってきて、もう手に汗握る戦い。まあ握る手ないんですけど。

Episode 2

乙武洋匡

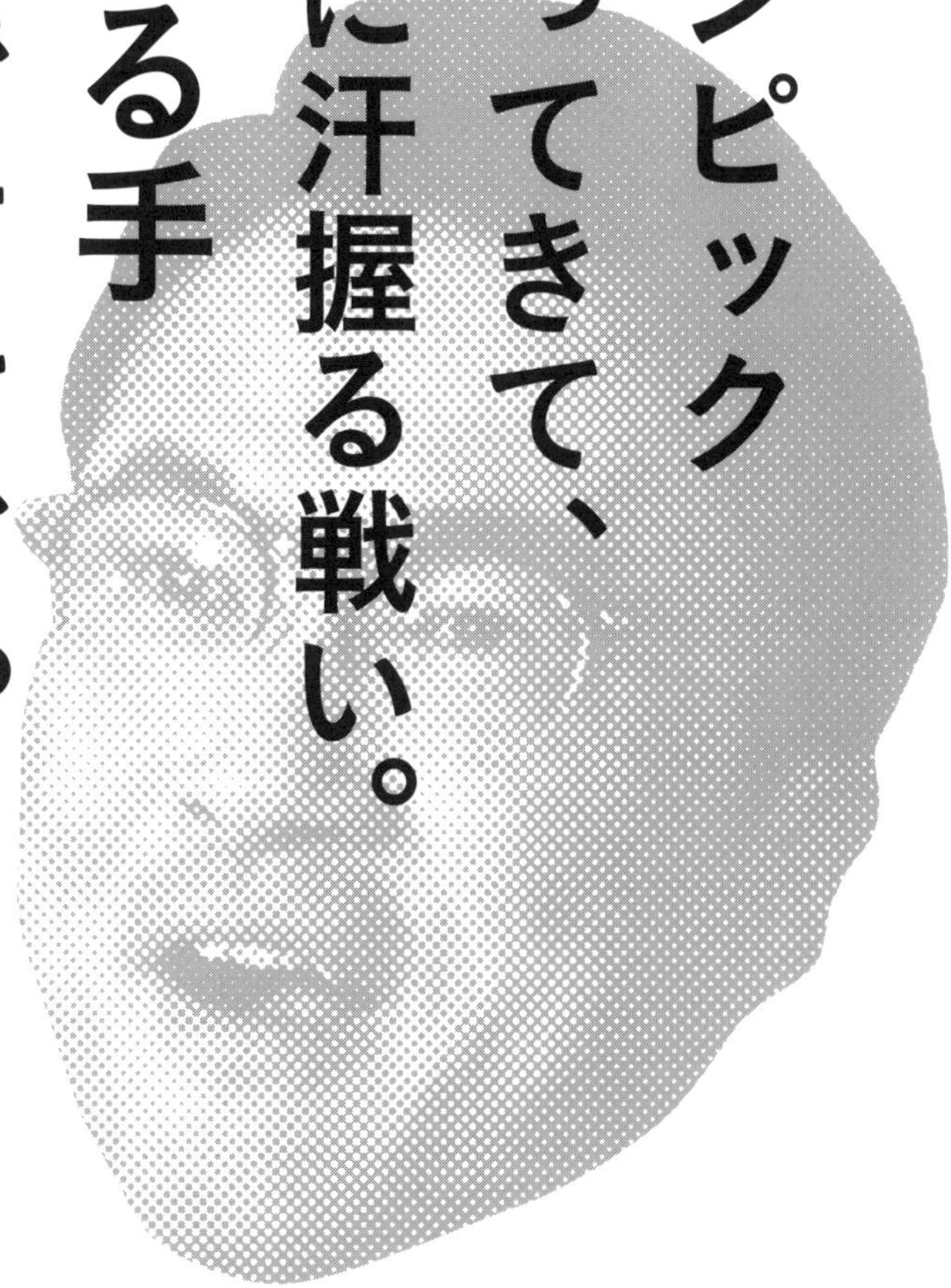

ひろゆき

生まれたときから性欲がそんな強かったんですか？

乙武

これはちょっとマジレスしていい？

Ototake Hirotada　1976年生まれ。東京都出身。早稲田大学政治経済学部卒業。作家、タレント。大学在学中に執筆した初の著書『五体不満足』（講談社）は600万部のベストセラーとなる。報道番組のキャスター、スポーツライターを経て、杉並区立小学校教諭、東京都教育委員を歴任。練馬区、港区、武蔵野市で「まちの保育園」、渋谷区で「まちのこども園」の経営に参画。義足プロジェクトでは、117mの歩行を達成。2000年、都民文化栄誉賞を受賞。プライベートでは3児の父。

乙武さんだけはイジっていいっていう謎の空気
それって、何の特権なんですか？（ひろゆき）

ひろ　世の中には**「身体障がい者の人をイジってはいけない」**っていう暗黙のルールがあるじゃないですか。でも、**乙武さんだけはイジっていいっていう謎の空気がある。それって、何の特権なんですか？**　まあ、僕が個人的な趣味で乙武さんをイジっているだけなのかもしれないですけど（笑）。

乙武洋匡（以下、乙武）　それは、僕がツイッターでずっと障がいギャグを言い続けてきたっていうのと、２０１６年の例の件（※週刊誌に5人の女性との不倫関係を報じられた）で叩かれまくったことが大きいんじゃないですかね。

成田　例の件の前から、自分をイジることはやられてたんですか？

乙武　20歳くらいのときから、ずっとやってましたよ（笑）。ある講演会で、当時は長野パラリンピック（１９９８年）があったんですけど「いやあ、僕、先月パラリンピックを観に行ってきて、本当面白かったんですよ。**もう手に汗握る戦いでした。まあ、握る手ないんですけど」**って言って、会場がシーンとするっていうことがありましたから。本（『五体不満足』１９９８年発行）を出す前からやってて、だんだん皆さんがそれに馴染《なじ》んできたということなんじゃないですか。

でも自分がマジョリティ側になると「これ笑っていいの？」って戸惑うことも（乙武）

乙武　最初は、みんなドン引きで「これは笑っていいんだろうか？」みたいな微妙な空気が流れてたんですけど、めげずに続けていたら**「あ、あいつここまで言い続けてるっていうことは、笑っていいんだな」**って思う人が、ちょっとずつ増えてきたっていう感じですね。

ひろ　時間をかけて文化を作ったんですね。

乙武　そうですよ。そもそも、なぜ『五体不満足』っていう本を出そうと思ったかっていうと、「障がい者って不幸な人たちで、腫《は》れものに触るように扱っちゃうよね」っていうのに対して、「いや、そうじゃない人もいるよ」って前面に出したかったからなんです。
僕はずっと〝多様性〟って言い続けてきたんですけど、多様性って「いろんな人がいるよ」ってことですよね。**障がい者も別に一枚岩じゃないから、**イメージを固定化させる必要もない。それで僕自身を登場させたんです。障がいギャグも「障がいをネタにしてるやつもいるよ」っていうのを前面的に出したいと思って、言い続けてきたんです。

ひろ　障がい者同士だと、障がい者ギャグは結構やってたりするんですか？

乙武　いいますよ。

ひろ　もともと、そうなんだ。

乙武　うん。**でも自分がマジョリティ側になると「これ笑っていいの？」って戸惑うこともあるんです。**東日本大震災（2011年）での話なんですけど、津波の被害って非常に心を痛める出来事で、絶対にイジっちゃダメだと思うじゃないですか。でも、実際に被災地に行くと、お家を流された方同士で**「お前、何流された？」「うち？　ロールスロイス2台」とか言ってるんです。**実は持ってなかったものをいろいろ挙げていくっていうギャグが流行してました。

ひろ　**震災ギャグ**があったんですね。

乙武　そう。こっちは「え、それ笑っていいの？」って思って戸惑うわけですよ。でもそれを見たときに、「**あ、きっとみんなこういう空気にさせちゃってたの**

ね……、「ごめんね」ってちょっと思いました。

ひろ　そうか、たしかにね。

成田　当事者同士なら笑い合ってもいいような気もするんですけど、「部外者はどうすべき」とか「何はしちゃいけない」みたいなルールってありますか？

乙武　僕個人の考えですけど、本人が自虐的に言ってるなら、面白ければ笑ってあげればいい。ただ間違えちゃいけないのは、「乙武が言ってたから、他の障がい者もイジってＯＫ」だと思って、障がいを受容できてない人をイジったりするのはちょっと違うかなと思います。

ひろ　デブネタをやる芸人さんはデブだとイジってもいいけど、笑いにしてないデブな人をイジると面倒なことになる、みたいなことですかね。

乙武　うん。ただね、もう本当にひろゆきさんのおっしゃる通りなのに、**なぜか障がい者の場合、ちゃんと分けて考えてもらえないんですよ。**例えばトレンディエンジェルっていうお笑いコンビがいるじゃないですか。「ハゲラッチョ、チェケラッチョ」って出てきた人たち。彼らのことはみんな笑うでしょ。でも、会社の上司がズラだったら絶対に笑わないじゃない？

ひろ　僕、笑いますけどね。

乙武　あなたは、特殊だから（笑）。

（週刊誌報道で）僕が社会的な死を迎えたのはある意味チャンスだったと思ってるんです（乙武）

ひろ　成田さんも指差して笑うタイプだと思いますよ。

乙武　だからあんたたち、会社勤めしてないのよ。

ひろ　すみません。

乙武　そこはさ、やっぱり分けて考えるでしょ？　あの人たちは笑わせたくてやってるから笑ってOK。でも、会社の上司は「ズラかぶってるってことはハゲを隠したいんだな、だからイジんないようにしよう」って、みんな分けて考えるでしょ？

ひろ　はい、はい、はい。

乙武　なのに、障がい者だけは「乙武が言ってるから、障がい者イジってOKでしょ」って勘違いするバカが出てくる。**ハゲネタやデブネタは文脈とか関係性で接するのに、なんで障がい者だけひとくくりにされるのかな**っていうのは、

ひろ　長年の疑問なんです。

乙武　なんでなんですかね。慣れてないから？

ひろ　パイが小さ過ぎるからですかね。**そのパイの中にいろんな人がいるっていうことが認識されづらい**のかな。

乙武　例えば昭和の時代から「ゲイをイジる」ことってありましたけど、最近は「なんか、ゲイの人でもいろいろいるよね」って認識になったと思うんですよ。だけど、**障がい者の枠では、面白いことやって許されるのが乙武さん以外にいないから、「いろんな人がいるよね」ってなりづらい。**

ひろ　そうなんです、本当に。

乙武　すると「障がい者と言えば乙武さん」みたいに、みんな思っちゃう。

ひろ　まさにそこが課題。僕はもっとプレイヤーを増やしたくて、**２０１６年に僕が社会的な死を迎えたのはある意味チャンスだったと思ってるんです。**タレントが社会的に死ぬと似たカテゴリーの人が後から出て来るわけだから。でも僕の場合、２年くらいメディアに出なくても後釜が出てこなかった。

乙武　なんでですか？

ひろ　仲のいいテレビ局の人に聞いたことがあるんですよ。２０１６年にちょうどリオデジャネイロパラリンピック、相模原《さがみはら》の障がい者施設での殺傷事件、24時間テレビの「感動ポルノ」批判……と、障がい者文脈のホットニュースが幾つかあったときで、**活動自粛してる僕にコメント依頼が全部来た。**だからメディアの人に「なんで他の人を発掘しないんですか？」って聞いたんです。すると、その答えが「今の情報番組にはお笑い芸人さんが出ていて、面白おかしく喋って障がいのある方に対して失礼だと受け取られる言動があると、すぐクレームが来てしまうんです」と。ただ僕の場合、もう20年以上テレビに出続けてて「視聴者の中に『乙武さんならこんなことで傷つかないだろう』、『失礼と感じられる発言にもうまいこと返すだろう』って安心感があるから、使いやすいんです」と。また「ニュースにコメントできる能力があったとしても、芸人さんと絡んだときに視聴者をヒヤッとさせないかどうかっていうのは、未知数だしリスクがあるから、結局乙武さんになっちゃうんですよね」って言われたのね。

ひろ　**メディアに出る下積みをしてる障がいのある人が少な過ぎるんだ。**

乙武　そう。これは根深いなと思ったんです。

渋谷で滑走する乙武さんを見て、「うわ、スゲェ。車いす、速ぇ」って（ひろゆき）

ひろ　乙武さんを初めて見たときのインパクトはでかかったです。今はもう見慣れちゃったんで何も感じないし、**なんも感じないことが良いのか悪いのか、わかんないんですけど。**

成田　デブとかハゲってその人が持ってる属性のひとつって感じなのに、**障がい者の人って属性っていうよりも、その人そのものがシンボルを体現しちゃってる**みたいな感じになりがちですよね。

乙武　ひろゆきさんが今、「最初に乙武さん見たときは衝撃的」って言ってくれたけど「見慣れる」ってすごく大事で、**特に子どもはゆかいなリアクションをしてくれるんですよ。この身体を街中で見ると**「うわ、なんだ、あれ？」とか「あ、手足ない」とか。中には「気持ち悪い」とかまで言うこともある。でも、「それってすごく自然なことです」って、ＡＩに読み込ませる膨大なデータを用意してる会社の社長さんが教えてくれたんです。ＡＩがなぜあんなに瞬時に判断できるかっていうと、膨大なデータを見せているから。何百万枚という犬の画像を見せてるから、犬の画像を「犬だ」と判断できる。もし、そのデータの中に『101匹わんちゃん』に出て来るようなダルメシアンの画像を意図的に入れなかったら、ダルメシアンの画像を見たAIが「犬」と判断できるかはわからないと。

それと一緒で、人間も「人ってこういう形です」ってデータを手足がある形で何百万も読み込んでいる。だから、ある日いきなり手足がない人間が出て来ると「え、何これ？　人間って判断していいの？」って戸惑ってしまう。これはAIとまったく同じ話ですって言われて、メチャクチャ納得して腹落ちしたんです。

成田　乙武さんを見てバグっちゃう子どもたちって、驚きとか興奮とかポジティブな反応が多いですか？　それとも泣き出したりとかおびえたりみたいな？

乙武　えーっとね、マイナスの方が大きいけど、ポジティブな反応を見せる子は、僕の身体っていうよりも、**この車いすに興味があるみたい。**

ひろ　ああ、「電動スゲェー」、「動くんだ、これ」みたいな。

乙武　そうそう。「どうやって動いてるの、これ？　スゲェ」みたいな。そっちに興味示す子は多いかな。

ひろ それわかる。**僕、初めて乙武さん見たとき追っかけたんですよ。**面識もまったくない大学生の頃、初めて**渋谷で滑走する乙武さんを見て、「うわ、スゲェ。車いす、速ぇ」**って。今でいう「TSUTAYA」の前の交差点のところ。

乙武 はい、はい、はい。

ひろ すごい速さでヒュンヒュン抜いていくから、追いつけなかったんですよね。**「スゲェな、車いす」っていうのが僕の感想です。**

乙武 **(笑)。そうか、そうか。**

乙武さん、イケメン枠と、ちょっと違う枠じゃないですか(ひろゆき)

ひろ ちょっと話戻るんですけど、障がい者の人をメディアに出しづらいんなら、乙武さんも最初は出しづらかったはずじゃないですか。なんで出られたんですか?

乙武 たぶん本が爆発的に売れたから出さざるを得なくって、出してみたら「こいつ意外にトークいけんな」っていう感じだったんじゃないですかね。ちょっとずつバラエティ、ニュースって活動させてもらえる場を広げていった感じかな。

ひろ 本がスゲェ売れたからメディアに出て、「全然、喋れるじゃん」ってなったと。じゃあ最初に「メディアに出る」っていう状況を作れば、他の障がい者の人もテレビに出られると……。

乙武 ただ、タレント枠だとさっき言ったような事情で「乙武さん以外は」と思われちゃうから、パラリンピックで金メダルを獲るとか、政治家になるとか、全然違う文脈からグワーッと入ってくる方がいいんじゃないかなと今は思ってますけどね。

ひろ パラリンピックで金メダルを獲った人とか、もっとメディアに出てもよさそうですけどね。

乙武 それでいうと最近、メチャクチャ嬉しかったニュースがあったんです。男子車いすバスケが東京パラリンピックで銀メダルを獲ったんですけど、**〝車いすバスケ界の流《る》川《かわ》楓《かえで》〟って呼ばれてる鳥《ちょう》海《かい》連《れん》志《し》選手が、ベストドレッサー賞を取ったんですよ。**

ひろ ほおー。

乙武　**吉岡里帆《よしおかりほ》さんとか田中圭《たなかけい》さんと並んでステージに立ってるのを見て、ちょっと感激しました。**ベストドレッサー賞っていったらもう「ザ・芸能人」が取る賞じゃないですか。それを障がいのある人が取ったっていうのは、結構ジーンときましたね。

ひろ　そこって仲間意識ってあるんですか？　乙武さん的に。

乙武　ある、ある。

ひろ　乙武さん、流川楓って言われたりする**イケメン枠と、ちょっと違う枠じゃないですか。**

乙武　うん、うん。

ひろ　それでも仲間意識あるんですか。

乙武　なんかね……。

成田　**無意味にディスるのはやめましょう（笑）。**

ひろ　**すみません。**

乙武　**ディスられるのは慣れてますから（笑）。**なんて言うのかな。僕自身、これまでの20年間の中で「なるべくいろんな山に旗を立てておきたいな」って意識してきたんです。車いすってだけで門前払いされたり、「あなたには無理です」って撥《は》ね除けられたこともあったけど、「やってみないとわからないじゃん」って思うんですよ。次世代の車いすとか障がいのある人たちに**「なんか昔、乙武っていうおっさんがやってたから、僕も頑張ればできるかもね」って言ってもらえる分野を増やしたい**ってのは、あるんです。そういう意味で言うと俺はイケメン枠じゃないからベストドレッサー賞とかは取れない。だけど、違う人が俺が壊せない天井を壊してくれたっていうのはメチャクチャ嬉しかった。

実は20代のときに、トレンディドラマ出演のオファーがあったんですよ（乙武）

ひろ　今、メディアに出したい「こいつ喋れまっせ」みたいな仲間っているんですか？

乙武　いる、いる。2010年の冬季バンクーバーパラリンピックで、アイススレッジホッケー（パラアイスホッケー）で銀メダルを獲った上原大祐《うえはらだいすけ》君とか。ちょっと危なっかしいところはあるんですけどね。

ひろ　乙武さんの言う危なっかしいがどのレベルか、僕はわからないですけど。

乙武　（笑）。でも、喋る能力はすごくあると思うし、使って欲しいなとは思う。テレビ文脈だとまだ「乙武さんに」ってなっちゃうけど、もっといろんな人が出て来たらいいなと。

成田　障がい者系タレントの人たちの難しさとかリスクを、うまくできるように特化した事務所とかってないんですか？

乙武　ダウン症の方とかの事務所は、今もあるのかな。映画とかドラマとかにそういう方をキャスティングするとかはありましたね。

ひろ　ああ、じゃあ「障がい者」として出る人なんですね。海外だと、例えば『ブレイキング・バッド』（２００８年公開）っていうエミー賞を取ったアメリカのドラマは主人公の息子さんが足に障がいを持ってるんですけど、別に「障がいを持ってる人を無理して出しましょう」っていうことでも、啓蒙《けいもう》番組でもなく、普通に障がい者の人がドラマの中にいるんですよね。これって、わりと他の国のドラマだと見るんですけど、**日本って無意味に障がい者の役が出ることがない気がしてるんです。「障がいを持ってる人が出ることがそのストーリーの中ですごく重要だから障がい者が出ています」みたいな**必然性がない限り、障がい者がドラマに出ることはないみたいな。それは崩せないもんなんですかね？

乙武　**実は、20代のときに、いわゆる当時のトレンディドラマに出演するオファーがあったんですよ。**

ひろ　ほおー。

乙武　主役級のおふたりがいて、サブで**僕と香取慎吾《かとりしんご》さんが優香《ゆうか》さんを取り合う**っていう設定でした。まさに今ひろゆきさんが言ったように、僕に障がいがあろうがなかろうがどっちでもいいっていう役柄だったんですよ。

ひろ　面白いじゃないですか、それ。

乙武　そう。僕は出る気満々だったんですけど、主役の俳優さんからNGが出てしまって。

ひろ　ほおー。

乙武　「障がい者の話にはしたくない」って言われたらしいんです。脚本家の方もテレビ局の方も、「障がい者の話とかじゃなくて、出演者のひとりがたまたま車いすに乗ってるっていう設定なので、ストーリーがそっちに引っ張られることはまったくないです」って説明してくださったんですけど、ダメだったんですよね。**日本ではまだまだ、障がい者が出てるだけで「障がい者の話」になってしまうっていう懸念が強い**んでしょうね。

ひろゆきさんが俺をイジると、また俺のマネジャーが喜ぶのよ（乙武）

ひろ 世界的にダイバーシティ（多様性）がいわれていて、人種の違う人とか性別のわかんない人がドラマに出たりするので、日本でも障がい者の人が自然に出ていい気がするんですけど。なんかあんまり見ないんですよね。

乙武 去年くらいからアカデミー賞も、人種的にも障がい的にも「こういう人を入れないと賞取れませんよ」みたいになって、そろそろ日本でもドラマに意味なく障がい者が出てもいいのかなとは思いますけどね。

ひろ そうしたら、**もう乙武さんが事務所を立ち上げて、使えそうな人をどんどん押し込んじゃった方がいい気はしますけどね。**〝使えそうな人〟はメディア側ではわからないですから。

乙武 たしかに。

ひろ　事務所があると、なんかあったときにフォローしてくれたりとか、いろいろ安心感があるじゃないですか。あと、**乙武さんが障がい者を使って金儲けをしてるっていう絵面ってやっぱり面白いじゃないですか。**

乙武　**どうしても俺が叩かれる方、叩かれる方に話を持って行くよね。**

ひろ　すみません。なんすかね、乙武さんをイジってると楽しいんですよね。

乙武　で、**ひろゆきさんが俺をイジると、また俺のマネジャーが喜ぶのよ。**

成田　ひろゆきさんって、そういう政治的に正しくないイジり好きですよね。それは意識的にやってるんですか？　それとも、もう抑え切れない自分の欲望が出ちゃう感じなんですか？

ひろ　完全に僕の欲望ですね。やった後どうなるかを見たいっていう好奇心です。

乙武　（笑）。

障がいのある子どもを育ててるお母さん方から感謝を伝えられることが多くはなりましたね（乙武）

ひろ　乙武さんって学生時代に本が**500万部売れて、5億円以上は現金が入ったじゃ**

ないですか。

乙武 はい。

ひろ ぶっちゃけ、働かなくても全然、豪遊して一生終われますよね？　でも働いてたじゃないですか。スポーツライターとか学校の教員とか。あれはなんだったんですか？　趣味？

乙武 うーん。たしかに、慎ましく生きれば働かなくて済む人生だったかもしれないけど、**「なんでこの身体に生まれたのかな」っていうのを若い頃に結構考えたんですよ。**「何かしら意味があるのかな」って。で、僕の中では落としどころを見つけたんですよね。

ほとんどの人が、手足がくっついて生まれてきてる中で、ものすごい確率で俺だけなくて生まれてきた。これって、「こういう身体の人間にしか伝えられないこと」をやっていくのが人生の意味なのかなぁって。その延長線上で本を出したから、別に金が入ろうが入るまいが「いろんな人間がいて、それぞれ違いがあるんだよ」ってみんなに理解してもらうのはまだ解決していないから、やり続けることに変わりがなかったんですよね。

ひろ じゃあ「やりたいことをやって普通に人生を歩みますよ」ということなんで

すね。他の人からも「手がありません。足もないですっていう人も、こうやって生きていけるんだ」っていうモデルとして、**女の人と付き合いまくるのも「普通にできますよ」って証明する必要があったと。**

乙武　まあ、その必要にかられてやったわけではないんだけど、結果として**障がいのある子どもを育ててるお母さん方から、感謝を伝えられることがあれから多くはなりましたね。**

ひろ　じゃあ『五体不満足』の本を出して元気にやってますっていうのより、「俺、ブイブイいわせてたぜ」っていう、あの**性的武勇伝の方が感謝されるんですね。**

乙武　〝の方が〟ってこともないけど、**「うちの子どもは生涯、女性とどうこうということは難しいと諦《あきら》めていたけれども、育ち方、生き方によっては全然可能性あるんだって希望が持てました」**って言っていただくことが結構多いんです。思わぬ形で勇気づけてしまったなっていう、ちょっと恥ずかしさはありますけどね。

ひろ　被害受けた方もいるのでなんなんですけど、それが日本の障がい者の歴史には残ったわけじゃないですか。結果的にはよかったんじゃないかなと、思いますけどね。

乙武　俺以外の人にはよかったかもね。

メディアがSNSに左右され始めたのは、ここ5、6年な気がします（ひろゆき）

成田　ご本人的には、武勇伝の最中は「これヤバいことになるかもな」と思いながら、やられてた感じなんですか？

乙武　いや、僕が叩かれた年から急に（世間の）厳しさが増したんですよ。オフサイドラインが変わったんですよね。

成田　たしかに変わったのはここ5年ぐらいですよね。

乙武　昔の大物俳優さんとかが何も言われてない時代を見て育ってるので、僕は叩かれて戸惑った部分はありましたね。

成田　**ツイッターやヤフコメ的な日本のSNS世界が完全にマスに普及したのって、たぶんここ5、6年ぐらいですよね。**10年前とかって、ツイッターはまだオタクたちの遊び道具っていう感じじゃないですか。

ひろ　メディアがSNSに左右され始めたのは、たしかにここ5、6年な気がします。番組制作者側がツイッターの反応をわりと見るようになって、それに流されるようになっちゃったとか。それとも乙武さんがやったことの社会に対する影響が強過ぎて、「ああなっちゃいけない」って社会がみんな考えるようになったのか。

乙武　いや、僕もなんですけど、僕のちょうど2カ月前にものすごく騒ぎになった、清純派だと思われてた女性タレントさんがいたんです。

ひろ　ああ、はい、はい。

乙武　僕と彼女が「これまでのイメージと違う」ってメチャクチャ叩かれたのが、口火を切った感はありますね。

ひろ　ああー。乙武さんって、その前は性的なギャグとか言ってなかったんですか？

乙武　ツイッターでは下ネタばっかり言ってたんですけど、普及してなかったんでしょうね。

成田　本とかオフィシャルメディアでのイメージは、優等生っぽい雰囲気が漂ってたんですかね。

Episode 2

乙武洋匡

パラリンピック観に行ってきて、
もう手に汗握る戦い。まあ握る手ないんですけど。

乙武　そうですね。同期にミュージシャンのKさんとか、お笑いコンビのDさんがいて、**僕の中では「花の2016年組」って呼んでるんですけど、**彼らはノーダメージですからね。別のお笑いコンビのSさんなんか2回やられても、何にもダメージ受けてないですし。

乙武さん、生まれたときから性欲がそんな強かったんですか（ひろゆき）

ひろ　清純なイメージのお陰で、これまでの仕事があったというのもある？

乙武　いや……、僕はそれを壊したくて仕方がなかったんですよ。本が出たのが98年で、そこからバーッとメディアの取材をいろいろ受けたんですけど、僕自身は怖さや窮屈さをすごく感じてたんですよ。自分がたいした人間じゃないことは、自分が一番よくわかってるのに、**皆さんがすごい勢いで金メッキを塗りたくってるのがほんとに不安でした。**だから「なんだ、たいしたことねえじゃねえか」って他人に言われる前に、自分から言っといた方がいいなと思って、取材で露悪的に振る舞ったり下ネタを言ったりするわけですよ、稚拙ながら。
ところが、**実際に放送された番組や掲載された記事などは、どれを見ても綺麗にカットされている。**そんなことが何年も続いて、「ああ、そういう部分は求められてないんだな」って諦めたんです。だから、もう観念して「皆さんが求めてる品行方正な乙武さんとして振る舞いますか」って、マスメディアではやってたんだけど、2010年にツイッターというものを手にしたわけですよ。で、初めて**「あ、編集権限が俺にあるメディアってこんなに楽しいんだ」**と思って。チャラい自分や下ネタを言う自分をバンバン出していったら楽しかった。

ひろ 露悪的に崩そうって無理してやってたのか、本当に下品だから性的なネタをやってたのか、どっちなんですか。

乙武 半々。5ぐらい下品な人間を7、8に見せようとしてた(笑)。

ひろ 5は性的なこと大好きなんですね。

乙武 そうですね。5ぐらいはやっぱりありますね。

ひろ 僕たぶんそんなに性欲強い方じゃないので、そこわかんないですけど、**乙武さん、生まれたときから性欲がそんな強かったんですか?**

乙武　**これはちょっとマジレスしていい？**

ひろ　はい。

乙武　一般的な男性と比べて**俺は性欲大魔王みたいなイメージがついてしまっているけれども、実際に日々の生活の中で射精に至ってる回数って、圧倒的に少ないと思う。**

ひろ　乙武さん手がないから、なかなか難しい問題ですね。

乙武　そう。自分でできないから。要は世の男性は抜きたくなったら自分で抜くじゃない？　だから個人差があるけど平均したら月にそれなりの回数に達すると思うんですよ。でも、俺はそれが自分ではできない、**誰かが介在しないとそこに至らないとなったとき、「その誰かをどうやって見つけてくるのか？」って、昔から貪欲《どんよく》にならざるを得なかったわけです。**

成田　乙武さん専用のセックスドールとかないんですか。

乙武　ないですよ。たまに言われるんだけど、じゃあ、それを洗ったりという後処理は誰がするんですかとかも考えると、ね。

ひろ　**特定の人でもいいのに複数の人に行こうとした**っていうのは、負担を複数の人に分けようとしたんですか？

乙武　あれは同時だと思われて報道されているんだけど、**同時ではないのよ。**
ひろ　あ、そうなんですか。
乙武　**5股って誤解されてるんだけど、そうではないんです。**
ひろ　4股ぐらいなんですか。
乙武　いやいやいや。**時系列でおひとりずつです。**
ひろ　基本的にはおひとりずつなんですか。
成田　スゲェ、勘違いしてました。

この問題を解決する術なく放置されていたら虐待に近い拷問だなと思うんです（パンダ）

パンダ　**普通の人に比べたら回数も含め性的に不自由なところがある**っていうお話は、乙武さんは明るいから笑いながら話されているけど、結構大事な論点だと思います。乙武さんは、お金を持ってるしイケメンだし、モテると思うんですけど、そうじゃない方が、**この問題を解決する術《すべ》なく放置されていたら虐待に近い拷問だな**と思うんですよね。身体の不自由な方って、合法的なお店とか〝ホワイトハンズ〟みたいな専門のサービスを日常的に利用することってできないんですか？

乙武　僕も含め、**自分で自己処理をすることができない障がい者がどうやって解決するのかって結構悩ましい問題**で、ホワイトハンズっていう射精を介助してくれるサービスもあるんですが、普及してるのかっていうとどうなのかわかりません。ご本人が直接依頼できて、なおかつひとり暮らしであれば利用しやすいんですけど、家族と同居とか、言語的な障がいがあって電話をかけられないとかだと、家族の理解を得ることすら難しかったりするんですよ。

「トイレに行く」「風呂に入れてもらう」そういう日常的なことだけで手一杯。世話をかけてしまってる中で、さらに**「何？　性的な欲求まで満たせってどういうこと？」って家族に思われることが怖くて、相談できない**という当事者が多くて、サービスを受けられている人はごく一部なんですよね。ただ面白いのは、そういったサービスをやってる団体が大きく2つあって、考え方が明確に違うんです。1つは、**「これは性的なサービスではなくヘルスケアの一環である」**という考え方。だから、実際にサービスを提供するときも、**当事者はAVなどのエロを想起させるものは一切見てはいけませんっ**

て謳《うた》っている。僕の推測ですけど、ゆくゆくはオランダみたいに、税金を入れてもらえる仕組みにしたいんだろうな、と。「性的サービスです」って言ったら税金は入れられないじゃないですか。でも、「男性にとって性的処理が一切できない人生って、ヘルスケア的に問題があるんですよ」っていう文脈だと、将来的に税金を入れられる可能性は出てくるんですよね。なので、あくまでもそこは堅持してる。

そういう団体もあれば、**「いや、バカかと。男が射精するのにエロ抜きとかあり得ねえだろう」**って、ちゃんとエロ文脈でサービスをやっていこうと思ってるところもあります。僕は政治もやろうとしてた人間なんで、どちらも理解できますすけどね。

ホモサピエンスがあんまり得意じゃないので（成田）
でも結婚はしてるじゃないですか（ひろゆき）

ひろ　成田さんって、表向きのイメージと裏との差ってあります？

乙武　先に言っといた方がいいですよ、自分から。

成田　いや、僕ほとんど変わんないんですよね。

ひろ　じゃあ、普通に表でやってるように小動物を殺したりしてるみたいな。

成田　まあそんな感じですね。

ひろ　（笑）。

乙武　大丈夫ですか？

成田　いや、僕、裏の顔は普通の人よりもよっぽど清純派です。プライベートの飲み会でも喋ってる内容はこんな感じだし、**ホモサピエンスがあんまり得意じゃないので、**人間と関わりたくないから**不倫も特にしないし、風俗も行きたくないし。**

ひろ　**でも結婚はしてるじゃないですか。**だから性欲はあるんですよね？

成田　結婚してるんですけど、ほとんど同居してないですよ。

ひろ　じゃあ、なんで結婚したんですか？

成田　気が向いたので結婚してみたんです。手続き上の理由で結婚したっていう感じなんですけど。

ひろ　なんか突っ込むと寂しいことになりそうだからやめておきます（笑）。

もう手足とかに縛られないで、行きたいところに飛んでいくっていう方が正解だと思う（ひろゆき）

成田　乙武さん最近、足を手に入れられたんですよね？

乙武　そうです。義足プロジェクトを3年半ぐらいやっていて。けっこう歩けるようになってきました。

ひろ　でも乙武さんの義足って、健常者が思う「こうなったらいい」であって、**別に乙武さんが便利になってる感じがしないんですよ。**

乙武　**あ、まさにそうで、僕は「こういう技術が誕生したよ」っていう広告塔をやっているだけです。**僕は生まれつきこの体で二足歩行への憧れもなかったし、ある程度、歩けるようになったところで、生活のベースが車いすであることは変わらないと思うんですよ。

ただ、**事故とか病気で足を失った方はもう一回歩きたいみたいなんですよね。**そういう方たちにとって、新しい義足で歩ける可能性が出てきたっていうのは、大きな希望になる。それなら協力したいなと思って、3年半ぐらいやらせてもらってます。

ひろ　この先20年ぐらいでパラリンピックの方が、100m走が速くなるんじゃないかって言われてますよね。人間のカルシウムで作った骨よりカーボンの方が、反発力とか考えると全然強いよねって。だったら乙武さんのも二本足じゃなくて四本足みたいなやつにしちゃえば、車いすの段差の通りづらさ問題とかもなくなっちゃうじゃないですか？　乙武さんがケンタウロスみたいになっちゃった方が便利だと思うんですけど。**二本足にしたがるって健常者のエゴを優先してる感じがして。**僕、このプロジェクトの意義がちょっと疑問なんですよね。

乙武　もともとの考え方としては、僕もひろゆきさんに近いんですよ。ただ、やっぱり事故や病気で足を失った方々はもう一回歩きたくて、**歩くにしても街中に溶け込んで、みんなの中で目立たなくなりたいっていう思いが強いんですね。**僕なんか街中で見られても「今日も俺、目立ってるな」ぐらいに思えるタイプだからいいけど、多くの方は二足歩行かつなるべくスムーズに歩けるツールを欲しているみたい。

ひろ　日本で肌の色の違う外国人が「目立つのがやだ」って言っても、いろんな人がいたら気にもとめないじゃないですか。ニューヨークに行けばみんな気にしないみたいな。同じように**四本足の人がいっぱいいるようになれば、**別に**それがあたりまえだよねってなりますよね。**車いすも、今はそんなに「車いすだ、珍しい！」ってならないじゃないですか。

乙武 確かに。

ひろ いろんなものが出てきて、いろいろ使う方が長期的には正解な気がするんですけどね。

乙武 このプロジェクトのトップの落合陽一《おちあいよういち》さん（筑波大学准教授、メディアアーティスト）はそろそろ飽きてて、**「乙武さんをドローンで飛ばしたい」って言い始めて**困惑しています。

ひろ 楽しい、楽しい！　やっぱり成人男性よりは乙武さん軽いじゃないですか、だから**もう手足とかに縛られないで、行きたいところに飛んでいくっていう方が僕は正解だと思うんですけど。**

乙武 リアルタケコプターを作るための初期段階は乙武さんぐらいの体がちょうどいいって、**今、目をつけられて、ひやひやしてます。**

なんで手を４本生やすっていうことを考えないんだろうとは思います（乙武）

ひろ　乙武さんが、二足歩行が完全にできるようになったとして、**普通にスタスタ歩くのと今の状態だと、どっちの方がモテると思います？**

乙武　変わんないかな。別に**僕がこの体だから好きっていう人もいないだろうし、この体だから嫌だとは思わせてないつもりなので。**ただいろいろバレにくくはなるかもね。

ひろ　ああ、確かに（笑）。「乙武さんだ！」ってならないから。でも逆に言うと、目立たないから普通の人に埋没しちゃう。

乙武　まあ、でもそこはほら、**トークがあるから。**

ひろ　**あ、売りはトークなんだ。**

乙武　そうそう。

ひろ　じゃあ、とりたててモテるわけでもないし、別に生活は変わらない？

乙武　移動は圧倒的に便利だと思いますよ。タクシーに乗れるのがでかい。

ひろ　それって車いすがもっと軽くなったらどうなんですか。

乙武　僕の場合は特殊で、全部上げると身長170cmの人と同じ目線で喋れるくらい背の高い車いすに乗ってるんですよ。なので、下の重量を重くしないと転倒の危険性が出てくる。その重量のある車いすを乗せようとするとリフト付きタクシーじゃないとだめだし、乗り込みに15分ぐらいはかかるんです。

ひろ　セグウェイ作ってる会社が、車輪三つあって階段上れる車いすみたいなのを作ってるじゃないですか。ああいうのはどうですか？

乙武　室内に特化して乗るならありだと思うんですけど、街中を歩くのは不便かもしれない。スピードが遅かったりするので。

ひろ　そうか、乙武さんの車いす速いですもんね。

成田　じゃあ、今使われている車いすも人間の体のこともいったん忘れて、**人の目も気にしないで、拡張身体みたいなのが手に入るとしたら、どういうのが理想だと思いますか？**

乙武　これだけテクノロジーが発展してるのに、**なんで手を4本生やすっていうことを考えないんだろうとは思います。**つまり、手足がない私に対して、手をつけよう、足をつけようって提案してくる人はいっぱいいるのに、手を4本生やしましょうって提案する人ってあんまりいないと思うんですよ。俺が今の成田さんの質問に対して答えるなら、「手が4本ぐらいあった方が便利なのになあ」って。でも、みんなそう考えないのは、なんでかなあと思ってます。

ふたりに聞いてみよう
僕のこの体は障がいだと思います？（乙武）

乙武　僕、ワークショップ的なところで「障がいってなんだと思いますか？」っていう質問をよくするんです。「今から言うものに対して、障がいだと思うならマル、思わないならバツをしてください」って。……あ、**ふたりに聞いてみよう。まず、僕のこの体は障がいだと思います？**

ひろ　一般的な基準では、はい。

乙武　あの、主観でいいです。ひろゆきさんや成田さんから見て、この体を障がいだと思うかどうか。

ひろ　**生まれつきだから、けっこう思わない気がしちゃうんですね。**

乙武　おー、面白い。成田さんは？

成田　やっぱりイエスなんじゃないかっていう気がします。野生の世界で手足なく生まれてきたら、たぶん死んじゃうじゃないですか。そういう意味では障がいって言えるのかな。

ひろ　でも現代人も野生の世界に行ったら、だいたい死にますよね？

成田　だから人間、っていうか**ホモサピエンスは、生まれつき障がい的な部分がありますよね。**

乙武　なるほどね。

成田　そういう意味では、乙武さんはホモサピエンスの先をいってるのかもしれない。

乙武　で、だんだん減らしていくんですよ、「じゃあ右手が1本なかったらどうですか？」って。すると障がいだと思う人がちょっと減るんです。で、さらに、「じゃあ右手の小指が1本ないっていう人を障がいだと思いますか？」って。おふたりどうですか？

成田　指、邪魔だなって思うこと、僕けっこうあるので。

乙武　おー、邪魔？

成田 指が5本って、多くないですか。2、3本ぐらいの方がいいんじゃないかってよく思うんですけど。

乙武 まあ、こういう質問をしてくと、障がいを機能の問題だと考えてる人があぶり出されてくるんですよ。つまり、僕の体は障がいだと思うけど、腕が1本ないぐらいだとちょっと迷い始め、小指が1本ないぐらいだったら「別に機能的に困んないから障がいじゃないでしょ」って考える人が出てくるんです。一方で「じゃあ手が4本ある人を障がいだと思いますか？」って質問すると、また意見が分かれて、「人と違うっていうことでいじめられたり偏見の目を向けられたりするから」っていうロジックで、障がい認定する人が出てくる。たぶんですけど、もし本当に手が4本生えている人が生まれてきたら、日本政府は障がい認定すると思うんですよね。

ひろ 日本で身長2m50cmとかあったら、かなり生活が難しいですよね。「生活に不便である」っていうのでいくと、身長2m50cmは障がい枠に入るかもしれないですね。

乙武 うん。でも**手が4本あるだけだと、生活にはたぶん便利なのよ。**

ひろ 確かに。

乙武　便利だけど、「じゃあ、みんななりたいか？」っていうと、なりたいって言わない。それはやっぱり、みんなと違ってしまうこと、気持ち悪いと思われることっていうデメリットを大きく感じるから。便利になるはずなのになりたいとは思わないし、日本では障がい認定されると思うんですよね。

ひろ　「4本あると便利じゃん、なりてえ」って思ってしまう僕は、少数派なんですね。

乙武　少数派だと思います。

成田　社会と関わってなさ過ぎるんじゃない？

ひろ　え、でも手が2本でも忙しいときがあるんで、4本あったらもっと便利じゃんと思っちゃうんですよ。

乙武　パソコンをずーっと打ちながらコーヒー飲めるし、鼻もほじれる。めっちゃ便利だと思う。

ひろ　で、使わないときはぶらーんとさせておけばいいわけじゃないですか。

乙武　そうそう。たぶんデメリットは、ちょっと肩こりがひどくなるぐらい。

Episode 2

乙武洋匡

パラリンピック観に行ってきて、もう手に汗握る戦い。まあ握る手ないんですけど。

乙武さんの異常なメンタルの強さは……（成田）
褒めてる？　けなしてる？（乙武）

成田　乙武さんの経験上、「機能が足りてない」のと「人からの目」、どっちの痛みが大きいですか？

乙武　**クリティカルなのは、機能として足りてない方。**テクノロジーが発展して多少は埋められるようになったけど、本人の努力や変容ではいかんともしがたいから。心の部分は人によるとしか言いようがなくて、僕みたいに何とも思わない人間もいれば、気に病んでしまう方もいるから、生育環境や親の育て方である程度は変容可能だと思うんです。心の苦悩を軽視するわけではないですけど、どっちがクリティカルかっていうと機能面かなって。

成田　**乙武さんの、その異常なメンタルの強さは……。**

乙武　**褒めてる？　けなしてる？**（笑）

成田　両方ですね（笑）。生まれつきそんな感じなんですか？　それとも人前に出て、だんだん手に入れていったんですか？

乙武　**親の育て方です。**多くの親は、子どもが生まれるときに「せめて五体満足であってくれたら」って願うわけじゃないですか。ほとんどの子はその願いを満たして生まれてくるのに、親って嘘つきで「勉強ができない」だの「かけっこが遅い」だの、マイナスポイントばっかり並べて育てるでしょ。子どもは自己肯定感を育《はぐく》みにくいと思うんです。
一方で僕は、親の最低限の願いすら叶えず人類として最低スペックに近い状態で生まれてきてるわけですよ。親は当然、「これはもう一生寝たきりかも」と思ってるから、**親からすると何をやってもプラス評価だったらしいんです。**一生寝たきりだと思っていた子が寝返りをうった！　ひとりでお座りができた！　ひょこひょこ歩くようになって、自分で字を書いて、ご飯食べて……と、何をしても**常に評価してもらってたんで、この鼻持ちならない性格になりました。**

ひろ　（笑）。僕は20代の頃、ごろごろして、映画を観てゲームして、楽しく暮らしたいと思って、30代でようやく実現したんですけど。乙武さんは**学生のうちに経済的にはもうあがってるんですよね。**
それと自分の人生とを比較して「乙武さんの方がよっぽど幸せだよね」って思う人は多いと思うんです。例えば「独身でずっと非正規雇用で頑張って、

50歳になってハゲました」みたいな人と比べると、僕は乙武さんの生き方っていいじゃん、全然楽じゃんって思っちゃう。**なんで楽かっていうと、他の人と違う状況で育ってきたから。**五体大満足で本を書いたら、そんな売れてないじゃないですか。そういう意味で障がいが有利に働いてるから、損というよりプラスなんじゃないかなっていう気がしますけど。

乙武　**たぶん、損だと考える人が日本に根強くいるのは、日本人の「迷惑をかけてはならない」信仰が強いからだと思うんですよ。**日本は何はともあれ他人に迷惑をかけてはいけないって育てられて、「他人の迷惑にならない範囲で自由を満喫しなさい」って言われる。

僕の体って、自分ではトイレも行けないし、風呂も入れない。飯の用意もできない。**自分の日常生活を成り立たせて、生命を維持するのに、絶対に誰かの手が必要になってくるんで、**他人に迷惑をかけてはいけない信仰が根強い日本では、「いくら金があっても、ああいう体では生まれたくない」って考える人がいるのは、納得はできます。

ロンドンの方が不便なのに、東京より車いすの人をいっぱい見るってどういうこと？（乙武）

乙武　2017年にロンドンに3カ月ほど滞在したんですけど、面白いなあと思ったのが、ロンドンってバリアフリーが進んでるかと思いきや東京より酷くって、地下鉄の駅の4割ぐらいしかエレベーターがついてなかったんですよ。めっちゃ不便だなあと思ってたんですけど、バンバン車いすの人が街中にいるんですね。**ロンドンの方が不便なのに、東京より車いすの人をいっぱい見るってどういうこと？**　って、不思議だったんです。

しばらくして気づいたんですけど、日本で車いすユーザーになったとして「最寄りの駅にはエレベーターがありません。でも15分離れた隣の駅にはエレベーターがあります。さあ、あなたはどっちを使いますか？」というと、9割5分ぐらいの日本人が15分離れた隣の駅って言うの。エレベーターがあるから当然じゃないって思うでしょ？　ロンドンの人たちは真逆で9割5分の人がエレベーターがない最寄りの駅を使うんですよ。なんでかっていうと、**駅に着いて階段の上で困ってると1分もたたないうちに、誰かがバーッと寄**

って来て運んでくれるから。人力っていうインフラがあるから、みんな自分の最寄りの駅を使うのね。

日本でこれをやろうとすると、叩かれるんですよ。**自己責任だと。「自分でできないってわかって、なんでエレベーターのない駅にいったんだ」って、めちゃくちゃ炎上する。**この違いが大きくって、そういうニュースとか、ニュースについてるヤフコメを見た障がい者は「迷惑かけてもいいから街中に出ていいんだな」とは、思えないんですよね。

東京だと話しかけちゃいけないってなんか思い込んでるっていう呪縛（ひろゆき）

乙武

もうちょっと身近な例で言うと、日本では駅の**ホームドアがないこともあって、視覚障害の方が線路内に転落して死亡する事故ってけっこう多いんですよ。**ヨーロッパとかだと視覚障害の方が駅にいたときに、「あ、誘導してあげなきゃ」って一般の方が声をかけたりするんですよ。

でも日本だと、**「障がい者のケアするのは駅員の仕事でしょ」と思うから、み**

んな声をかけないんです。で、線路内に転落する事故はけっこう頻発してる。「ホームドアをつけましょう」ってことが唯一の解とされてしまってるんですけど、僕なんかは「皆さんがケアしてくださったら、わりと防げます」って思っちゃう。

ひろ　**他人に声をかけないのをよしとする文化があるからなんですかね？**

乙武　「慣れ」もあると思うんですよ。日本は長らく、障がいのある子だけを取り出して別で教育をしてきたから、**同じ教室の中で障がい者を見て育ってない健常者の方が圧倒的に多い**んです。

そうなると、いざ街中で、職場で、障がい者と出会ったってときに戸惑うんですよね「変に声かけてそれが失礼にあたったらどうしよう。やめとこう」って。見て見ぬふりが発動されるんです。**冷たいっていうのとはちょっと違って、慣れてない。**

ひろ　田舎《いなか》とかだと、どうでもいい人とも会話をする文化があるじゃないですか。でも**東京だと話しかけちゃいけないってなんか思い込んでるっていう、呪縛**の問題な気もするんですけどね。

教育は社会に出るための助走期間で、社会に出てからが本番なわけです（乙武）

成田　これらを変えるにはどうしたらいいと思われますか。

乙武　時間はかかるし、遠回りに見えるけれども、僕は、**教育を一緒にしていくことだと思うんですよね。**障がい者と健常者を混ぜて教育すると効率が悪いっていうのは、短期的に見ればその通り。教育機関で学力を定着させることだけを考えれば、健常者と障がい者は分けた方が効率いいし、健常者だって学力別に分けた方が効率はいいんですよ。

でも、社会って教育だけで成り立ってるわけじゃなくて、**教育は社会に出るための助走期間で、社会に出てからが本番**なわけですよね。で、その社会は学校のように健常者用と障がい者用が分けられなくて、一緒に暮らしていかなければいけない。

そこまでの長期的スパンでコストや効率を考えれば、ある程度、子どものうちにハレーションを生みながら、「こういうやつらいるんだ、面倒くせえなあ」とか、「あ、なんかこういう人たちに助けられながら、自分たちはできることをやりながら生きていくんだなあ」ってお互い感じながら過ごした方が、僕は効率がいいかなあと思ってるんですよ。

ひろ 他の国で、そういうふうにやってる例ってあるんですか。

乙武 **ヨーロッパはわりと混ぜて教育するケースが多い**し、混ぜ方も面白くって、日本の交流教育って月に1回ぐらい特別支援学校に通ってる障がいのある子どもが、健常者が通う地域の学校を訪れて1日お客さんとして過ごすってのがほとんどなんですね。障がい者は慣れていない環境で1日過ごすから、よけいできないことが際立つし、助けてもらわなければいけないことが増えて、結果的に健常者は「ああ、やっぱり障がい者ってできないことが多い人なんだ、能力の低い人なんだ、僕らが助けてあげなければいけないんだ」っていう感覚を養うことに繋がるんですよ。

でも、僕が見に行ったリバプールの盲学校とかはすごく面白くって、そこは逆に**盲学校に入れ替わり立ち替わり健常者の子が月1ぐらいで訪ねていく**んです。目の見えない子たちって、慣れてる環境だとけっこう無双してて。健常者の子の手を取ってドア開けてあげたり、こっちだよって道案内してあげたりするんですね。そうすると、健常者の子たちがマジでびびって「えっ、

ひろ　この子たち目が見えないはずなのになんで道案内できるの？　なんでここにドアがあるってわかるの？」ってすごく驚くんですって。結果、何が起こるかっていうと、「あ、障がい者って能力が低い人ではなくって、環境さえ整えてあげたり慣れたりすれば、自分の能力を発揮できる人なんだ」っていうふうに認知するみたいなんです。だから交流の仕方を工夫するだけでも、社会は変わっていくだろうなあとは思ったりします。

乙武　聞いてる限りそっちの方がいいじゃんって思うんですけど。そうならないのはなぜなんですか？　面倒くさいから？

ひろ　ゆとり教育の時期もあったけど、やっぱり日本は学力偏重主義から抜け出せてなくて、自分たちマジョリティが日常生活を送れている中にポコッと来てくれるならいいけど、自分たちの日常生活を丸一日捨ててそっちにいくっていうのはあり得ないっていう感覚から、脱することができてない印象はあります。

乙武　それを変えたくて政治家になろうとしたんじゃないんですか。

ひろ　そしたらスキャンダルが出て、できなくなりました。

乙武　でも、乙武さんが自由気ままに楽しく暮らせば、「ああ、そういう生き方もあるんだ」とか「ああなりてえ」っていうのとか、「まあそういう人いるよね」ってみんなが思うので、**トラブルを起こすことも含めて、乙武さんが自由気ままに暮らすことが、僕はより他の人も過ごしやすい社会になるんじゃないかなあと思うので、**今後もやんちゃをしてください。

乙武　ありがとうございます。

成田　乙武さんみたいな人がもっと出てくることで、障がいを持ってる人たち本人もあんまり周りの目を気にしないし、他の人たちも気にせず、手伝えることがあったら余裕があるときに手伝うみたいな、**無理のない社会になっていってほしいなという感じはしますよね。**

体の足りないものを補足していくだけじゃなくて、ガンガン付け加えて改造していく……みたいなことをみんながやり始める社会になったらワクワクするなって思います。手足だけじゃなくて、例えば『マルドゥック・スクランブル』（ハヤカワ文庫）っていう小説には体中に目を埋め込んでいるキャラクターが出てくるんですけど、ちょっとそういうのとかいいなあとか。『全裸監督』（2019年、21年にNetflixで配信）を観ていたら、追い詰められた全裸監督の村西《むらにし》さんが「これからはペニスのついたお姉さんとヴァギナのついたおじいさんを作り出して、そのふたりが絡んでるＡＶを全国に発信する！」みたいなことを絶叫してるシーンがあって、そういう方向をもっと目指せる社会になったらいいなと思いました。

乙武

そうですね、おふたりに言っていただいたように、**僕自身がやりたいように、生きたいように生きれるっていうこと自体がすごく価値があるという気がします。**「障がい者って、こういう生き方しかできないよね」と思われていた中で、多くの人に選択肢をもたらすことになると思うので。**僕自身の生き方で選択肢を増やすようなことがしていけたらいいなあと思っております。**

元嫁は5人、バツ7、（子どもは）全部入れると21人ですね。

Episode 3

ビッグダディ（林下清志）

ダディ

俺的には、
「うるせえよ、黙ってろ」って
言わずに、
話し合いをしてることが
譲歩なんですよ。

ひろゆき

怒鳴り散らしたりとか
ないですよね。
諭すように言ってますもんね。

Hayashishita Kiyoshi　1965年生まれ。岩手県出身。柔道整復師の国家資格を持つ。2006年9月、奄美大島での4男4女との大家族生活に密着したドキュメンタリー番組『痛快!ビッグダディ』(テレビ朝日系)が放送されると、独自の生き様・子育て論に注目が集まり一躍話題の人に。同番組シリーズ終了後も、テレビ・ラジオなど多方面で活躍中。主な著作に『ビッグダディの流儀』(主婦と生活社)、『さらば、ビッグダディ』(扶桑社)など。

俺が良い親父のように表現されてたんですよ
すぐプロデューサーに文句言いましたね（ダディ）

成田　ひろゆきさんは『痛快！ビッグダディ』（テレビ朝日系）の大ファンだとか。

ひろ　毎年、友達の家で正月を迎えるんですけど、そこでずっと見てましたね。

ビッグダディ（林下清志／以下、ダディ）　自分では2回ぐらいしか見たことないんです。

ひろ　なんで見ないんですか？　あんな面白い状態を。

ダディ　面白かったのはたぶん、テレ朝さんの編集の力。最初の放送だけ、最後まで見たんですけど**気持ち悪くて。俺がすごい良い親父のように表現されてたんですよ。**子どももすごい良い子らのように表現されてるのが、気持ち悪くて。すぐプロデューサーに文句言いましたね。

ひろ　僕の中では超メジャー番組だと思ってて、林下さんが「自分たちでは見てない」っていうのを聞いて、びっくりしたっていう感じです。

ダディ　ほとんど見てないですね。ただ、いつかは見たくなるかもと思って、DVDは全部揃《そろ》えてあるんですよ。

ひろ　テレビに出るって子ども的には「自分たちも見たい」とかなるじゃないです

か。

ダディ いやあ、子どもらからも聞いたことはないですね。俺が「DVD全部、揃えてもらったよ」っていう話をしても、いまだにひとりも「貸してくれ」っていうやつはいないです。ネットで課金すれば見れるらしくて、次男坊が、妹と一緒に見たらしくて「いやあ、あの番組面白いよ、清志さん」って言ってましたけどね。

ひろ やっぱ本人が見ても面白いんじゃないですか。

ダディ 面白いって言ってました。まああれは編集の力。だから**編集って恐ろしいなと思いますよね。**「ええっ？」っていう展開に持っていきますから。

ひろ でも一応、現実にあったことじゃないですか？

ダディ そうなんですよ。**あの番組に嘘はないんですよ。**仕込みとかやらせとか、そういうのはないんですけど、「あ、編集でこんなになるんだ」と思いました。

「うるせえよ、黙ってろ」って言わずに、話し合いをしてることが譲歩なんですよ（ダディ）

ひろ 林下さんの有名なセリフで**「俺はこういう人間だ！」**っていうのがあって、人を表してて面白いなあって思ったんです。あれも普通に喧嘩の中で出たんですか？

ダディ そうです。嫁から「私のために変われないか？」みたいなことを言われて、「いやいや、**俺がこういう人間だとわかってて嫁さんになりたいって一緒になったんだろ。むしろ変わることは契約違反**じゃないか」っていう意味で言ったんですけどね。

ひろ （笑）。気持ちはわかるんですけど、**人って、お互いにぶつかり合ったときに譲歩をし合うじゃないですか。**「俺はこういう人間だ！」って言われると、「確かにそうだけども」みたいな、心の中にわだかまりができるじゃないですか。だから、**いいセリフだなあと思って。**

ダディ 俺的には、**「うるせえよ、黙ってろ」**って言わずに、**話し合いをしてることが譲歩**なんですよ。

ひろ あー、はいはい。自分を変えるつもりはないけど、相手の話を聞いて、その考え、感情を理解しようと。

ダディ 話をすることで、なんとかわかってもらおうとする努力は、一応してるわけ

元嫁は5人、バツ7、
（子どもは）全部入れると21人ですね。

じゃないですか。それが俺的には譲歩なんですけど。

ひろ　怒鳴り散らしたりとかないですよね。わりとちゃんと話してるんですよね。

ダディ　**さすがですね、そうなんですよ。**すごいクソ偉そうに、「俺はこういう人間だよ！」とか言ってるイメージですけど、そういう言い方をしたことはないんですよ。

ひろ　**諭すように言ってますもんね。**

ダディ　息子は20歳過ぎても鼻血が出るほどぶん殴ったりしますけど、娘は小学校上がった頃からもうひっぱたかないんです。なんでかって言うと、俺が70歳過ぎても絶対に俺の方が強いと思ってるから。息子どもはいずれ俺より力がついて俺に反撃できるから、遠慮しないでひっぱたくんです。女の子には手出さないですね。

恐怖政治が一番簡単なんですよ（ダディ）

統治のスタイルとしてはプーチン型の（成田）

ひろ　娘さん、プロレスラーになってるじゃないですか。

ダディ　あー、ひとりいます。
ひろ　勝てます？
ダディ　え？
ひろ　勝てます？
ダディ　何を言ってるんですか、そんな。**負けるはずはないと思ってます。**
ひろ　マジっすか。**今たぶんこのセリフ切り取られて、プロレスの興行起こされますよ、**きっと。父対娘で。
ダディ　**まあまあまあまあ、全然面白いですけど。**自分もプロレスのリングに上がったことあるんですけど、喧嘩とはもう全然違いますよね。
ひろ　スポーツのプロレスは結果はわかんないけど、親子喧嘩になったらお父さん絶対勝つ、みたいな。
ダディ　**絶対負けるはずないですよね。**よく「反抗期はなかったですか」って聞かれるんですけど、俺が稼いだ金で買ったトイレットペーパーでけつ拭いてるやつが、俺に逆らうとかあり得ないですよね。絶対逆らわせませんもん。子どもって理屈で「こうだから、ああだからやっちゃいかんよ」っていうよりも、**恐怖政治が一番簡単なんですよ。**「こんなことやってるの見つかったら親父にぶん殴られるわ」っていうふうに抑えるのが一番簡単なんですよ。

成田　**林下さんの家はけっこう統治のスタイルとしてはプーチン型の**、恐怖と暴力に溢《あふ》れてる感じなんですか。

ダディ　なんなんだろう。このご時世なのにプーチンに例えられるのが嫌な気がしないのはなんでだろう。

ひろ　（笑）。

ダディ　まあまあまあ、それが一番簡単なんですよ。後から子どもだって知恵がついて、「親父、横暴だったな」とか「俺はああいう人間になりたくない」とかって考えるときの、参考資料になれば、それでいいじゃないですか。**子育てはほんと自由にやっていいと思いますよ。**子育てなんて犬でも猫でもやってることで、**犬や猫は迷いながら悩みながら子育てしてるかって、そんなことないですよね。**本能にインプットされた命令に従って、とにかく一人前にするっていう気持ちだけで育てて、犬は犬らしく、猫は猫らしく育ててるじゃないですか。迷いながら悩みながら子育てをするってもったいないなと思いますよね。子育ての醍醐味を削っちゃうっていうか。

俺、2ちゃんねらーだったんですよ（ダディ）

ひろ　林下さんの**自分自身に対する圧倒的な自信**って、どこから出てるんですか。

ダディ　**根拠はない、っていうところからですね。**根拠がない自信が一番揺るがないじゃないですか。

ひろ　へこむ理由もない、みたいな。

ダディ　そうそう。俺、いっさい悩まないんですよ。悩む理由がわかんないですね。**俺が悩んだだけでロシアとウクライナの地域紛争が解決するなら1週間ぐらい寝ないで悩んでもいいですけど、なんの影響力もない**じゃないですか。なんとかなることだったら、悩んでないで早くなんとかすればいいし。なんともならないことを悩むって、ナンセンスですよね。

ひろ　一説によると、林下さんがネットで愚痴を書いていたって、聞いたことがあるんですけど。

ダディ　あー、はいはいはい。**俺、2ちゃんねらーだったんですよ。**

ひろ　あれ本当なんですね。

ダディ 書いたのは俺だけど、公開したのは俺の知り合いですね。なんで書いたかっていうと、不本意ながら俺が子育ての途中で死んじゃったとき、子どもは別れた嫁の方に引き取られるわけで、確実にそこで「うちの娘はほんとに泣く思いであんたらを置いて出ていったんだよ、あの男が酷くて！」って言われるに決まってる。それは親として不本意だったから、どういう理由で別れたのか、何があったのかっていうのを書き残して、知り合いに「俺に何かあったときは……」って渡してたら、あいつが公開しちゃったんですよね。

ひろ そういう経緯なんですね。でも普通の家庭って、別れたらどうなるって知らないじゃないですか。そういうのをわかって対策をしてるっていうのが、すごいですね。

ダディ 「お前の親父は酷かったわ」って言われるのだけはちょっとしんどいなと思って。

ひろ 自分がいくらどう言っても、自分の死後は母親側に行って、母親側の考えで子どももさんが洗脳されてしまうというのは、しょうがないと。

ダディ それが普通のことですからね。男は1回「この女を守らなきゃ」と思ったら、別れても「不幸になりやがれ」とは思えないですよね。「幸せに暮らしてくれればいいなあ」と思うのが男です。だけど女子は、「嫌な思いをして別れた男は死ねばいいのに」と思ってる人が多いらしいので。**なんなら「少し苦しんで死んでくれよ」くらい思うでしょうから、**絶対俺のことはいいふうには言わないですよね。

(子どもは) 全部入れると21人ですね (ダディ)

ひろ 別れても仲がいい人って、いないんですか?

ダディ 別れた嫁の誰とも、仲悪くないですよ。連絡も取ってるし、俺が勤めてた店に皿洗いのバイトに元嫁ふたりは来てましたね。俺は浮気もしないし、ひっぱたきもしないんで。

成田 ちょっと気になるんですけど、これまで何人の方とご結婚されて、何人のお子さんを育てられたんでしたっけ。

ダディ **元嫁は5人なんですよ。バツ7ですけど、最初の嫁と3回結婚離婚してるんで。**子どもはね、どういう枠で答えるかなんですよね。戸籍上は俺の実子として届けてるけど嫁が浮気してつくった隣の旦那の子どもとか入ってるし。実子として届けてなくても、俺の中では子どもっていうのもいるし。だからどういう枠で答えるかだけど、**全部入れると21人ですね。**

俺みたいな人生を送ってると、子どもによって兄弟の数が違うわけです。「父ちゃん、俺何人兄弟?」って聞かれるたびに、答え方を考えないと。父親と母親が一緒の子どもは絶対兄弟じゃないですか。で、父親は一緒だけど母親が違う子どもって兄弟だけど、母親一緒だけど父親が違う兄弟ができると、そこはまったく他人なんですよ。

ひろ　え、子どもに**「父親が違う」は言っちゃってるんですか?**

ダディ　**当然ですよ。**大人って、子どものキャパを勘違いしてると思いますね。**俺は子どもが小さいときから「お前には俺以外に父親がいるんだぞ」**「俺、今、縁あって父親やってるけど、もうひとり父親いるんだぞ」って言ってます。「えー、そうなんだ?」っていうところから教えていけば、別に何も問題はないんですよ。高校入るときに書類が必要だからっつって、自分の戸籍謄本取りにいって、「え、私ほんとの子どもじゃないんだ」って、ショックを受けさせるよりよっぽどいいですよ。

ひろ　**早めから「お父さん、本当のお父さんじゃないよ」みたいな。**

ダディ　そうそうそう。

セックス＝エロだとばっかり思っていることが、世の中をおかしくしちゃってる（ダディ）

ダディ　そもそも、**セックス＝エロだとばっかり思っていることが、世の中をおかしくしちゃってる。セックスって本能ですることで、〝刷り込み〟なんですよ。**
なぜみんな、大人になって美味《うま》いもの食えるだけ稼いでも実家の親の食事でホッとするかって、食事も本能ですることだからですよ。〝刷り込み〟だから。刷り込まれた味を、久しぶりに味わってホッとする。
セックスも同じで、**若い頃から自分の大事な彼女とセックスできることを「ありがたい、幸せだ、楽しい」と思って、その上での興奮っていうのを身に付けていかないと、**40代も過ぎればエロい気持ちってそんなに続かないですからね。一瞬でも冷静になると、しゅんとなっちゃうわけです。

ひろ　それは、性欲が強いっていう話ではないんですね？

ダディ そう、**性欲と精力は違うんです。**俺、性欲はあんまりないんです。もう30代くらいからない。でも精力はあるんです。昔、雑誌の企画で俺の精子を調べたことがあって、「なんも面白い結果でないだろ」と思ってたらWHO（世界保健機関）が定める妊娠できる精子の数の18倍くらい、精子がいたんだよね。だから精力はある。でもなにかしたいとは、もう思わないですね。

パンダ 林下さんは「子どもなんか恐怖政治が一番だ」って言ったじゃないですか。

ダディ はい。

パンダ これ、今の教育の流れだとあまり容認される考えではないでしょうし、子どもが受ける精神的ダメージもあるとは思うんですよ。
ただ成田さんに聞いてみたいんですけど、「褒めて育てろ」とか「こういうことしちゃいけない」って育児書に書いてあるんですけど、**恐怖政治はやり過ぎかもですが〝カミナリ親父〟みたいな育て方が悪だっていうデータって、統計学的にあるんですかね？**　で、仮にあったときに、それって「平均するとそうだ」っていうだけで、家庭によって当てはまるかどうかって違うと思うんですよ。
子どもによっては、その方が適しているかもしれない中で、今の世の中の風潮だと「それは悪なんだよ、なぜなら平均的に取ったデータでこれが害悪だから」っていう論調になりがちだと思うんです。これって正しいことなのか？　成田さんどう思われます？

成田　なんのデータを取ればいいのかが難しいですよね。恐怖政治で育てた場合とそうでない場合とを比較するとしても、何を成功の指標として持ってくればいいか、よくわからない。何十年とかけて将来の稼ぎを測るのか、その場の笑顔の数とか、どれぐらい子どもが積極的に話したかを測るのか。何を指標にするかで全然違っちゃうんで、データで語るのは難しい感じはします。

人間って〝本能に基づく生き方〟みたいなのを排除していく動物じゃないですか（成田）

成田　今の風潮で、体罰の問題も含めて恐怖政治っぽい子育てがどんどん排除されているのは、データがどうこうっていうより「子育てはこうであってはいけない、こうあるべき」みたいな話に基づいてることが多いと思うんです。**人間っていろいろ考えて〝本能に基づく生き方〟みたいなのを排除していく動**

物じゃないですか。子育てにしても生き方にしても、本能に従っていくと面倒なことが起きたり、お金がかかったり、トラブって被害者が出たり。だから、**だんだん人工的に〝人間らしい生き方〟っていうのを作り出してきた社会だと思うんです。**

ダディ その中で、**本能を貫いてるビッグダディさんの生き方は、どこからきてるのかなっ**ていうのは気になったんですね。子どもの頃から、そういうスタイルだったのか、何かきっかけがあったのか？

ダディ 自分は、20代の頃とか「いずれちゃんとした大人になれる」と思ってて、そこへ向けて常識的なことを言ったり理屈で人と喋ったりやってたんですけど、40歳ぐらいになって、「今こんなちゃらんぽらんだったら、ここからちゃんとした大人になることはないな」と思って。で、今日、誕生日で、俺57歳になったんですけど。

ひろ おめでとうございます。

ダディ 57になって、「俺、子どもの頃になりたいなあと思った大人に、なってるなあ」と思いますね。子どもの頃、自分はいい加減だっていうのを知ってたので、いずれ大人になったときに社会に大きい迷惑をかけずに好き勝手に生きようと思ってたんです。子どもの頃から**世の中の役に立つような大人になるとは思ってなかったんでしょうね。**途中でちょっと勘違いして、「世の中の役に立つような人間になろう」と思ってた10年、15年もありましたけど、結果やっぱり戻って、年を取ってる。

成田　じゃあ、ある時点で腹をくくって、本能に基づく感じに戻ったっていうことですか？

ダディ　そうです。世の中ってしっかりした人間はいっぱいいるじゃないですか。成田さんとかひろゆきさんみたいに、しっかりした人間はいくらでもいるから。この国の運営はそういう大人に任せりゃあいいですよね。**何も俺みたいなやつまでしっかりした人間を装う必要はまったくないですもん。**だからそういう人間にこの国の運営は任せて、**俺は俺の人生を謳歌するためだけに気楽に生きよう**と思ってるんですよ。

ビッグダディって、肉体系な感じするんですけど、すごい論理的な人ですよね（ひろゆき）

ひろ でも学校も社会も「しっかりした大人」になるための圧力をかけてくるじゃないですか。若いうちに、「俺これ従わなくていいや」「俺は俺だもん」っていうふうに、反発できた理由は何なんですか。

ダディ 疑問に思ったことをそのままぶつけてきただけです。だから学校の先生とは折り合いは悪かったですね。卒業して何年も経ってから先生と街でばったり会って「あ、先生！」って言ったら、俺をパッと見て「おー、林下、俺は元気だ！　元気だからな」ってサーッと行っちゃいましたもんね。普通だったら「懐かしいな！」って寄って来るじゃないですか。

ひろ **世間的なイメージだとビッグダディって、肉体系な感じするんですけど、すごい論理的な人ですよね、林下さんね。**

ダディ （笑）。そうですか、論理的？

ひろ 物事を自分なりの基準で、筋立てて答えてくれるじゃないですか。

ダディ まあ考える量が少ないし、深く考えないので、だと思いますよ。

ひろ　**普通の人って、他人の言った考えをそのまま自分の考えと思い込んじゃって、それをそのまま言う人って多いじゃないですか。でも林下さんって自分自身の考えを必ず喋るじゃないですか。**常識とか、正しさとかじゃなくて、「俺はこう思った」っていう自分自身の考えと「でもあくまで自分だけの答えだよ」っていう。謙遜《けんそん》してる感じが面白いなあと思ってて。

ダディ　メディアに出て世間に顔と名前が知られるようになって、世間からいろんなこと言われるじゃないですか。ＳＮＳとか掲示板とか。だけどまったく、**世間の言うことって気にならないんですよ。**
大家族番組やってて、「あの親父、子ども見世物にしてしこたま金儲けてる」みたいに言われますけど、それってその人が思っただけで、ほんと軽率っていうか、自分が思っただけでよく世の中に発信できるなあって思いますよね。まったく気にならないですよ。たぶんうちの子どもらもそうですね。

ひろ　でもギャラはそれなりにもらってたんでしょ。

ダディ　嘘つきたくないから言うけど、番組を8年やってて、**最初の6年はいっさいもらってないんですよ。**子どもらの前でスタッフと、「いいか、俺は一銭もいらないから俺に命令もするんじゃねえぞ」って約束したんです。

ひろ そうなんですか。

ダディ 子どもらに「あー、父ちゃんって金もらうためだったら誰かの言うこと聞くんだ」って見せたくないじゃないですか。8年のうちの後の2年は、5人も子どもがいる18歳も年が違う嫁さんをもらって。タダでやってるって嫁さんが納得しないなあと思ったんで、スタッフに「次から金くれよ。だけど今まで通り俺には命令するんじゃねえぞ」って、もっと酷い約束をさせたんです。そしたらプロデューサーさんが、「あの、どれぐらいの金額を想定してますか？」って言うから、「俺の言い値じゃないとやらないよ」って。持ち帰って検討するって言うから金額を伝えたら「それぐらいだったら全然、現場判断で大丈夫です」って言われましたけどね。

ひろ 最初の段階であれだけ視聴率を取ってたら、すげえ額もらってもいいのに。テレビ局は大儲けですね。

ダディ **子育てって人からもらった金でするもんじゃないと思ってるので。**だから児童手当も、俺ずーっと拒否してたんですよ。

ひろ えっ、あんなに子どもがいるのに？

ダディ だって扶養家族いっぱいいるから、俺の稼ぎだと所得税も払ってないんですよ。国民として税金も払ってないくせに、権利だからってもらうって合点がいかないじゃないですか。だから児童手当もずーっと拒否してて、奄美《あまみ》（大島）ですごい説得されて。**じゃあいただきますかってもらうようになったら、すぐあてにするようになりましたけどね。**

逆に林下さん、なんで子育てしてるんですか？（成田）

ひろ　ビッグダディの番組は、お金に困ってる感のある描写が多かったと思うんですけど。

ダディ　もちろんそうですよ。俺、同じ歳の連中の倍は稼いでましたけど、子どもが3倍も4倍もいるからお金は足りないんです。足りないけど、例えば子ども5人で食ってたものを、6人になったら6人で食やあいいじゃないですか。今「子どもが増えない」とか「子どもがひとりいると、大学卒業までに2000万円かかるから」っていうけど、**自分の生活のグレードを落としたくないから子どもつくらないわけですよね。子どもに金がかかるからじゃな**

いんですよ。

「子どもがもうひとり増えたら俺、ゴルフもできないじゃん」「車も持てないじゃん」「家も持てないじゃん」って、自分の生活を削られることが嫌だから子どもをつくらないわけでしょ？　そんなやつらは子育てしなくて正解だと思いますね。

成田　**逆に林下さん、なんで子育てしてるんですか？**　金の問題もあるけど、面倒だし20人もいたらもう名前も覚えられないじゃないですか。

ダディ　そんな、成田さん、クラスメイト40人、名前覚えられませんでしたか？　クラスメイトでさえも名前は覚えるでしょ。自分の子どもの名前を覚えられないわけないでしょうよ、面白いけど。

成田　いや、僕、最近は家族の名前も怪しくなってきてるんで、絶対無理だなと。それになんかもう、ぐっちゃぐちゃになるじゃないですか。**なんで仏様のように引き受けてるのかなって、**すごい気になってるんです。

ダディ　家族っていいもんですよ。年を取るにつれ、親は自分より先に死ぬもんだとわかって生きていくわけじゃないですか。家族が亡くなったときに、直接血の繋がった人間がふたりしかいない、3人しかいないっていうのは、心細くないのかなと思いますよね。

ひろ 林下さん、血の繋がってない子どもも、自分の子どもとして接して育ててるじゃないですか。

ダディ あ、それは、**自分の血の繋がった子どもをまず持ったからです。**自分の血の繋がった子どもがいなければ、養子とかで血の繋がってない子どもを育てるっていろいろ苦悩があるでしょうけど、**1回、自分の血の繋がった子どもを育て始めると、もうね、血の繋がりは関係ないんですよね。**

俺、連れ子を持った嫁さんと結婚したときに嬉しかったんだけど、**これで俺の親としての資質がわかる**と思ったんですよ。自分の子どもってDNA半分分けてやってるから簡単になびくわけですよ。簡単に俺好みの子どもになる。まったく血が繋がってない子どもを育てることで、俺の資質がわかるなあと思って、すごく嬉しかったんですよね。

ひろ 子どもに必ず好かれるっていうのは、テクニックなんですか？　人間性なんですか？

ダディ 大人はそうやって頭で考えるから、ねぇ。例えば母親にいじめられて虐待されてる子どもとか、外ではそれを言わないの。なんでかっていうと本能で

「俺が言っちゃうと、何かしら母親に不利益なことが起こるな」ってわかってるから、言わないわけですよ。だから好きなように親をやって、**子どもが分別ついてきたときに、ほんとうちの親父ろくでもなかったよとか思われてもいいじゃないですか。**

ひろ　でも結果として、その子どもはわりとお父さんのことが好きで、普通に教育できてますよね？

ダディ　そうです。今でも家族ＬＩＮＥめちゃくちゃ稼働してますからね。

ひろ　多過ぎるでしょ、人数が。

ダディ　ええ。家族ＬＩＮＥ、人数も多いからだけど、朝起きたら未読が800超えてたりしますよ。

ひろ　（笑）。そのうち孫とかも入ってくるわけですよね、きっと。

ダディ　まあそうですね。孫、今５人ですけど。ここから大量生産に入るでしょうから。

この企画史上、最も自信に満ち溢れた社会論と子育て論（成田）

ひろ　息子さんたちもＤＮＡ的に林下さんに近くて、子だくさんになりつつあるんですね。

ダディ　いや、どうですかね。俺、11人兄弟の10番目なんです。兄貴は５人、姉は４人、妹がひとりいるんですけど、兄弟姉妹が多いっていうのを恥ずかしく思ってる姉もいましたね。同じ環境で育っても、それぞれの感性の方が上回るわけですよ。だから、こつこつ働いて真面目な人生を送る親父を見ながら「親父偉いな、俺も親父みたいになりたいな」と思う息子と、「親父馬鹿だなあ、もうちょっと要領よくやりゃ人生面白いのに」と思う息子ができるから、子育てで迷わなくていいっていうことですよ。**お前が思うように子どもは育たないんだよってことですよね。そういうふうには育たないんだから、迷う時間がもったいないですよね。**子育て中は、楽しんで子育てしていいと思いますよ。

で、立派な人間になったらその子の資質だからね。「たいしたもんだなお前」

って言ってやりゃあいい。間違って反社的な人間になったら、「ろくでもねえなお前は、昔からそうだお前は」って言やあいいし。**別に立派な人間になってても自分の手柄じゃないし、ろくでもない人間になってても自分のせいだけではないですよね。**そういうふうに気軽にやっていいもんだと思いますよ。

ひろ　そろそろ成田さんは俺を軽蔑し始めてるだろうけど。

成田　成田さん、軽蔑し始めてるんですか？

いや、大臣たちより確信に満ちた感じで語られますよね。**この企画史上、最も自信に満ち溢れた社会論と子育て論。**

子どもっていないのが一番楽で、ひとりも10人も変わりませんよ（ダディ）

ひろ　子育てって、世間では「子どもひとりでも大変だよね」って言われてるのに、二十何人って……。楽しい部分もあるけど大変な部分も20倍なわけじゃないですか。

ダディ　**子どもっていないのが一番楽で、**ひとりいりゃあ大変なのは一緒ですよ。**ひ**

とりも10人も変わりませんよ。

ひろ　マジですか。ひとりも10人も変わんないですか。

ダディ　変わりませんよ。一緒ですよ。

ひろ　でも自分の人生の時間がとられ続けるわけじゃないですか？　ひとりかふたりだったら20年やったら終わりだけど、林下さんの場合ってどんどん下が増えていくじゃないですか。いつ終わるの？　みたいな。

ダディ　**俺は子どもの頃、選民思想みたいなのがあって「なんのためにこの世の中に存在してるんだろう」とか思う小学生だったんですよ。**同級生が馬鹿にしか見えなくて「こいつらはたまたま存在してるんだろうな。俺は何かしら使命をおびてこの世にいるはずだ」とか思うクソガキだったんですよ。で、高校へ入ったら、俺より優秀な人間がいっぱい同級生にいて自分がどんどんしょぼい人間だってわかってきた。「じゃあ俺、何のためにこの世の中にいるんだろう？　何の役にも立たないじゃん」と思ったんです。人生をマラソンのように考えて、生まれたときがスタートで死ぬときがゴールで、ゴールまでに俺は何をすべきかと思ってた。それが、子どもができたら**「俺、何もしなくていいんだ。この子どもらを世**

の中へ出すために俺、いるんだ」ってすごい気楽になったんですよ。
子どもらが、もし世の中の役に立ったとき、その子どもの子ども、孫、ひ孫、やしゃご、それがもし社会的に貢献したときに、あ、それは俺がいたからだって。**人生を駅伝のように考えるようになって、すごい気楽になったんです。**俺の役割はこいつらが飯を食うところまで育てること、それだけ。たいした人間じゃないって気づくのも早かったしね。

ひろ じゃあ高校のときに、人類に対してどういう貢献をするべきかっていう答えを見つけたんですね。

ダディ ある意味そうですね。猫とか犬にたどり着いたというぐらいですけど。
精力じゃないですか（ひろゆき）
僕はその精力ないので、だめなんです（成田）

パンダ 林下さんって、**成田さんと言ってること似てるなあと思うんです。**「わからないことはわからないと認めるところから始めよう」とか、「自分はちゃらんぽらんな人間だ」とか、「同じ環境で育っても結局、感性で違ってくるから」

とか。成田さんが学問を究《きわ》めた上で言ってるようなことと、近しいのかなあと思ったんですけど。成田さんはどう感じてます？

成田 いや、**すごい同感です。**でも僕の場合、真逆にいっちゃうんですよ。どうでもいいかなと思ったら「自分が楽ならいい」っていう方向にいってしまう。僕、一応結婚してるんですけど、結婚生活はしてなくて、今のところ子どももいなくて、フラフラいろんな国をバックパッカーっぽくブラついてるっていう感じです。**どうやったら林下さんみたいに、バトンを繋ぐ方向に気楽に移行できるのかな**っていうのがすごくさっきから気になって、聞いてるっていう感じですね。

ひろ **精力じゃないですか。**

成田 いや、**僕はその精力ないので、だめなんです。**

ダディ 自分、経済力もないし、物欲もないし、名誉欲もないんですよ。「才能あるのにな」っていう勘違いもなくなったので、まったく気楽なんです。**欲がないって強いですよね。**かすかに自分で感じる性欲が鬱陶《うっとう》しいぐらいですね。

成田 でも、**たいして金もなくて特に才能もなくて、すごい欲望があるわけでもないような日本の普通の人たちって「子どもを持とう」ってならないじゃない**

ですか。結婚しようともならなくて。スマホゲームやりながら缶チューハイでも飲んでグダグダ人生を送っていくっていう感じの方が普通だと思うんですよ。それと林下さんを分けているものはなんなのかっていうことが気になっています。単純に種馬的な精力の強さなのか。

ダディ たまたま、結婚して9年で8人子どもができたんですよ。完全に年子です。だから義務教育の9学年に8人の子どもが通ってた時期があるんです。そのスピードで子どもが多くなって、生活っていうのが常にリアルだった。緊張感といい加減なところのバランスがとれていた。俺、子どももいなけりゃほんとにちゃらんぽらんで、たぶん社会の枠からはみ出してたかもしれないし。

成田 じゃあ、子どもが重しになって、おかしな方向にぶっ飛んだり、何やればいいのかとか悶々《もんもん》と悩んだりしなくて済んだっていう。

ダディ そうです、そうです。

成田 子どもがいると忙しいし、大変なわけじゃないですか。自分のために使う金も時間もない。そうなれば自分について考える必要がなくなって、**自分のことを忘れられる、みたいな部分もあるのかなと。**

ダディ ああ、もちろん。あと、きれいな女性に「すごいね」って言われるよりも、子どもから「うわあ、父ちゃんすげえ」って言われる方が幸せなんですよね。女の人を口説くのってすごい手間かかるけど、子どもは簡単にそう思わせられるじゃないですか。**その方がすごい幸せだったということですね。**

今の世代を諦めて、20年かけないとだめでしょうね。

（スタジオが）しーんとなっちゃったけど（ダディ）

成田 じゃあ日本人たちを林下さんのようにするにはどうしたらいいと思いますか？　今のお話なんてある意味で、**究極の少子化対策**じゃないですか。起死回生で奇跡を起こしたい日本政府に、少子化対策をアドバイスするとしたら？

ダディ 少子化問題を解決するには、**まず今の世代を全部諦めなきゃだめですね。**今の時代の大人を一回全部諦めて、小学校のカリキュラムに「赤ちゃんとは、弟とは、妹とは、お兄ちゃんとは、お姉ちゃんとは、友達とは、爺さんとは、婆さんとは、隣の家のおっさんとは」と、人間と人間の関わりをすごく深く教える。親になることを楽しみに成長した大人が、この世の中に溢れるまで待たないと、無理だと思いますね。「子どもがひとり増えたらひと月に1万3千円もらえるんだ。じゃあもうひとりつくろうか」って、そんな馬鹿なやついます？　該当する人らは、「あ、じゃあ自民党に1票を入れよう、すぐ月1万3千円ずつもらえるじゃん」ってなるだけの、**ただの票集め。**なので、**今の世代をまずとにかく一回諦めて、20年かけないとだめでしょうね。**（スタジオが）**しーんとなっちゃったけど。**

ひろ　「子どもを育てるって面白いし、楽しいことだよね」っていう林下さんは少数派で、「子どもは生活レベルを下げる、どちらかというと嫌なもの」っていうのが多数派。その人たちが、もう社会の常識を作っちゃってるから、そこを壊さない限りは「子ども増えて楽しい、大家族楽しいよね」っていう方向にはいかないってことですよね？

ダディ　そうですね。思い切って今の世代を諦めなきゃ無理だと思いますね。

パンダ　これ、しーんとなったのは、別に嫌だからじゃなくて、**僕すごい心打たれましたよね。打たれて死んだ**（笑）。なんだったら一時じんわり涙しそうになりましたけど。僕も子どもがいるから、生まれたらすごいかわいいっていうのは理解できるんですよ。でもその先にある、**自分に対するごまかしを解消するのが大事なのかもしれないですね。**「ふたり目つくるのは、子どもにちゃんとお金かけられないから……」とか言い訳してますけど、実は自分の生活レベルを落としたくないだけだったり。

ダディ　だと思いますよ。

成田さんに丸投げしようかなと（パンダ）

成田　パンダさんは林下さんのお話、共感できますか？　パンダさんもパンダ一家をお持ちで、お子さんもいて、そのせいでお小遣い制でクソみたいなジャンクフードしか食べられなくてダイエットできずにいるわけじゃないですか。

パンダ　そうですね、あの、3分の2までは共感できたんですよ。子どもが生まれたらかわいいって気づける。で、子どものせいにしてるけど、ほんとは自分の生活レベルを落としたくないっていう欺瞞《ぎまん》があり、直視しないといけない。ただ、そこから先、ビッグダディさんは「今の世代を諦めろ」ってなるんですけど、これが容易じゃない。自分の中には、**子どものせいで生活レベルを落とされると思ってる自分もいる。**で、育児しながら生活レベルを落とさない方向っていうのを作るのが、**東大首席からイェール大学の成田さんの仕事なんじゃないかなあと思って、成田さんに丸投げしようかなと。**僕ら庶民は、欺瞞に目を背けて子どものせいにしてる。ダディさんみたいに直視して素直に生きるっていうのもあるんですけど、やっぱ人間の汚い、自分の生活レベルを維持したいっていう気持ちもあるんですよ。

自分、離島で子育てすることが多かったんです。沖縄とか、時給も47都道府県で一番安い、貧しい生活をしてるけど、食うものも我慢して子どもを東京の大学へやってたりするわけですよ。そういうのを美しいなと思うし、親がどんな思いで育てて、学校に入れてくれたかっていうのが、伝わりやすくもあるじゃないですか。

ダディ

バツ7の俺が言ってもなんの説得力もないけど、まずは家族の仲がいいのが一番じゃないですか。みんなね、自分の家族を守ることだけを考えていいと思いますよ。家族がまとまっていれば、家族の集まりである地域がまとまって、地域の集まりである行政区がしっかりして、行政区の集まりであるこの国がしっかりしていくわけじゃないですか。社会の最初の単位である家族は、まず絶対信頼関係をもって仲良くする。今、ちゃんとご家庭を維持して生活してらっしゃっても、**「女なんかそんな信用できる生き物じゃないからな」と思っていたり、逆もそうですよ。**いくらいい旦那さん、いい父親をやっていても、腹の中では「いや、隣の嫁いいなあ、色っぺえなあ」って思ってるかもしれないし。だけど、**子どもって自分に全幅の信頼を寄せて、すべてを依存してくれるわけですよ。**そこに応える幸せっていうか、**自分の存在意義を感じる瞬間**っていうのは、ほんとに「ああ、俺も役に立ってるな」っていう気持ちになりますよね。

その能力に対する諦めって、どこで理解できたんですか？（ひろゆき）

ひろ

全幅の信頼をおいてる子どもに対して親が苦労してそれに応えて、それを子どもが見て「自分の人生や時間や、いろんなものを削って提供してくれる親がいるんだ」ってなって、だんだん子どもの人間関係が強くなって地域社会に広がっていく……っていうのは正しいと思うんですよ。ただ、逆に余裕のある人って、もう余裕があるから別に自分を削る必要がなくて「じゃあメイドさん雇います」「ベビーシッター雇います」って、親として削るものがない状態で子どもは育てられるじゃないですか。そうすると子どもは、別に「ああ、誰にも大事にされてないんだ」っていう感覚を持っちゃうっていう。
世代を諦める話も、なんで他の人ができなくて林下さんはできたのかって、**林下さんは自分自身の考えにはすごい自信があるんですけど、自分に能力がないっていうことを若くからちゃんと自覚できてるからですよね。**これがすごいなと思うんですよ。今の人たちって、20歳過ぎて「俺なんとかなるかも」「出世できるかも」「ＩＴ系、仮想通貨で金持ちになれるかも」って、自分自身の能力を過信しちゃってるんですよね。でも林下さんって、マッサージの技術があって同じ世代の人より稼いでいるけど「でも俺って才能ないよね」「社会に対して俺自身は、貢献できることはないよね」って。**その能力に対する諦めって、どこで理解できたんですか？**

ダディ　諦めとかじゃなくて、客観的に見て事実っていうだけですよね。
特殊な人生だと思いますよ。世の中に出たくてすごく努力してる人間もいるわけじゃないですか。その中で俺は、**なんの才能もなく、ただ子どもが多いっていうだけで取材対象になって、**勝手に世間に名前が知られて、おかげで今、さらに人生は面白くなってるので、**ラッキーな人生だなあと思いますよね。そこに俺の努力、何もないですもん。**

ひろ　それは「ビッグダディ」の番組以降の話で、「自分に能力がない、だから俺は子どもをつくる」っていう謙遜は、僕は高校のときに始まった気がしてるんですよ。

ダディ　まあ高校からだと思いますね。

ひろ　高校生ってなんか、ワンチャン、アイドルになれるかもとか、タレントになれるかもとか、サッカー選手に……って思う年頃じゃないですか。なんで「俺はそこまで能力がないんだ」って、悟れたのかなと思って。

ダディ　**自分、勘違いするのも早かったからです。**小学校低学年の頃から同級生が馬鹿に見えて、俺は特別だと思ってたんで。早くからそういう勘違いに入ったんで、勘違いって気づくのも早かった。

俺、子どもにも社長になってほしいとか思いませんもん。ただ健康で体が丈夫で、給料もらうときに「お前に払う給料はもったいないと思わない」って給料をもらえれば、有難いですもん。トンビからタカは生まれなくて、あいつらもたいして出来はよくないから「せめて健康で人を騙したり小突いたりせずに面白く暮らせよ」としか思わないですね。

パンダ　ダディさんに聞いてみたいんですけど、高校とか中学のときに、ほんとにすごい人って周りにいました？　僕らの周りにひとり、**早めに自分の力の限界を見極めて成功した成田修造《しゅうぞう》さんっていう人がいて。**お兄ちゃん（成田悠輔）が天才過ぎたから、自分の能力を客観視して、起業家として、ＣＯＯ的な能力を高めていったっていう人がいるんですよね。ダディさんも、超絶な天才とかに会ったっていうのはあるんですか？

ダディ　ありますね。あるけど、もう全然「違う生き物だなあ」っていう感じですね。子どもらも「こいつ、こういうとこはすげえなあ。俺と全然違うな、できてるなあ」と思うところもあるし。

今度は種子島に移住するんですよね（パンダ）
なんでそんなに島好きなんですか？（ひろゆき）

パンダ　最後にちょっと話題を転換して。ビッグダディさんの最新の話題として、子育てがひと通り終わって、**今度は種子島《たねがしま》に移住するんですよね？**

ダディ　まだ確定ではないですけどね。

ひろ　なんでそんなに島好きなんですか？

ダディ　島が好きっていうわけじゃなくて、今回はたまたま種子島で仕事の話があっただけです。以前、俺が離島に住んだのって、本州で嫌な事件が多かったからなんですよ。健康な3歳と1歳の子どもをマンションに置いたまんま彼氏のとこに行っちゃったり、付き合ってる彼女の連れ子をガムテープでぐるぐる巻きにして段ボールに入れて押し入れにしまって死ぬまで待ったりとか、そういう事件がいっぱいあって。そういうやつらと同じ土地に足をつけておきたくなくて、離島で暮らし始めたんです。
今回の種子島はそういうんじゃなくて、たまたま種子島の知り合いから仕事の話があって、まあ8年付き合ってた彼女と別れたっていうこともあるんですけど、もう都内にいる理由がなくなったので、じゃあ行こうかなあと思ってるんです。まだ確定ではないですけどね。

成田　林下さんが無限にイベントとか出来事とか事件を作り出していくのは、テレビ用のネタじゃないですよね？

ダディ 俺、中学卒業するまで実家に15年いて、中学卒業してよその土地の高校へ行ってから今まで、同じ土地に5年住んだことがないんですよ。そういうふうに暮らそうとかじゃなくて、必然ですね。今回も仕事で、ですけど、必然でそうなっていく人生なんですよね。

ひろ 同じところにい続けなきゃいけないっていう、こだわりもないっていうことですね。

全然、違和感が生まれなくて つっこみたい気分にならないっていう（成田）

ダディ よく「どこの土地が一番よかったですか」って聞かれるけど、**どこ行ったって一緒ですよ。面白く暮らせるかどうかなんて、自分次第ですから。どこ行ってもすごいいいやつと、ろくでもないやつは絶対いますから。**

ひろ 地元の友達とか知り合いと離れるのが嫌で「地元にずっといたい」みたいな人、いるじゃないですか。林下さんってどこ行っても人と仲良くなれるから

「別にどこ行ったって友達なんか作れるっしょ」っていう感じなんですか。

ダディ　**いや、俺、友達いらないんですよ。**友達と言える友達ってひとりいたんですけど、そいつ自殺しちゃったんです。そのあと知り合ったやつで「友達だなあ」と思えるのが、今ひとりいるくらい。浅い付き合いは、面白い時間を過ごすためにいっぱいいますけど、友達って言えるぐらいの友達ってそんなにいらないんですわ。**誰かに依存したり何かに依存するって諸刃の剣ですよね。**ダメージを受けることも多いわけじゃないですか。俺はあんまり人に興味がない。ほんとに自分のことしか考えてないんですよ。

ひろ　やっぱり、お話を聞いてると、**成田さんと似通ったものを感じるんですよね。**

パンダ　似てますよね。同じこと言ってる（笑）。

ひろ　成田さんも「友達いねえ」とか言うし。

成田　**すごいナチュラルにいろいろ入ってきますね。全然、違和感が生まれなくてつっこみたい気分にならないっていう問題がありますね。**「定住しなくちゃいけない」「家族について責任を持たなくちゃいけない」みたいな固定観念を捨てていく、って感じだと思うんです。逆に「これだけは譲れない」という自分にとっての最後の砦《とりで》ってありになりますか。

ダディ　やっぱり俺は「家族」だと思うんです。**家族を裏切るときっていうのは、いろんな覚悟をしなきゃならないぞっていうことを子どもにも言いますね。**その思いは友達だとか、仁義だとかにも繋がっていくだろうし。「家族を信用して家族を大事に、家族との時間を面白く過ごす」っていうことを教えていければ、そっから波及していろんなことを考えていくと思うんですよね。よっぽどの馬鹿じゃない限りそっからものを考えてたどり着けるやつはたどり着くだろうし、たどり着かないやつは何してもたどり着かないですからね。

ひろ　林下さんって論理的な人で、自分も社会も客観的に見た結果、家族を持って初めて「俺、家族をすごい大事に思ってるんだ」って見つけた感じがしてるんです。**だから成田さんも、子どもつくったら大家族になるんじゃねえかっていうのが今、僕の予測なんですけど。**何にも執着がないがゆえに、子どもができたときに「あ、俺これに執着してたんだ」って普通の人よりも思いが強くなるんじゃないかなと思ったんですけど。

成田　(笑)。いまから25人目指して頑張ります。

その怖さは何に対する怖さなんですか？（ひろゆき）

ダディ　男で「俺が子どもを育てるってどうなんだろう？」とか思うやつ、けっこういるんですけど、**全然、平気に自分らしく子育てしていいわけですよ。その子なりにしか育ちませんから。**そこは迷う必要もない。中には、すでに子どもがひとりいて「この子がこんなにかわいいのに、もうひとりできたら、同じようにかわいいと思えるのだろうか？」っていう悩み方するやつもいますけど、２人目つくってみたら同じようにかわいいですわ、あたりまえ。

ひろ　成田さんは保育園で子どもとコミュニケーションをとるの好きじゃないですか。子どもつくったら絶対楽しいと思うんですよね。研究も実地でできるし、こうしたらどう覚えるとか、どのように教育とか発展していくとか。**子どもつくった方が絶対、答え出てくると思うんですけど。**

成田　**怖いっすね……。**

パンダ　（笑）。

ひろ　**その怖さは何に対する怖さなんですか？**　子どもを育てられないかもしれな

いっていう、その子どもを失うことの怖さですか。

成田　いやあ、**寝てるの邪魔されることへの怖さが一番でかいですね。**

ひろ　でも自分の生活が邪魔されるというのも、雨が降ったら「雨が降ってもしょうがない」って諦めるじゃないですか。

成田　確かに。

ひろ　だからもう天変地異、自然現象であるっていう受け止め方をすれば。

成田　いや、**そういうこと言われると、ほんとに25人の大家族とかつくりかねない気がしてきました。**

ひろ　いや、つくっちゃっていいんじゃないですか。成功例はほら、目の前に林下さんもいるんだから。

成田　いやあ……。**じゃあ10回離婚、25人の子どもを目指す**っていうのでいいかもしれないですね。

俺、こう見えて1回も浮気したことないんです（ダディ）

パンダ 今日、感心して聞いちゃったんですけど、林下さんって本音でそのまま話してるんですよね？

ダディ ええ。何も考えてないですから。俺たぶん明日、今日喋ったこと忘れてますよ。

パンダ テレビが密着してギャラもらってるわけではないから、偽るモチベーションってないと思うので、本音だと僕は受け取ったんですけど。ひろゆきさん、成田さん、いかがでした？

ひろ すごく論理的な人が「動物的な感覚で生きてった方がむしろ幸せになるよね」ってちゃんと気づいて実現して、「ほら、俺幸せそうに見えるだろ？」までやってるにもかかわらず、**僕らがそれを受け止めきれてないっていう。**林下さんもちょっと悪ぶるところがあって、恐怖政治とか頑固親父的なことを言うんですけど、**本来は「愛の人」じゃないですか。**こんなによくできたサンプルがあるのに**日本人はそれを受け止めきれずに少子化を続けてくっていうのは頭悪りいなあっていうふうに思いました。**

パンダ 本当そうですよねぇ。成田さんはいかがでしたでしょうか。

成田 動物になるっていうのが、人間が成し遂げたいと思ってまだ成し遂げられてない大きな目標のひとつだと思うんですけど、林下さんがナチュラルに動物に戻ってるなって、けっこう衝撃を受けました。でもいまだに、**なぜ林下さんだけがそこまで愛と血の繋がりにみちた動物的な世界に回帰できてるのか？** 何が林下さんのレバーなんだろう？　魔法なんだろう？　っていうのがつかみきれてなくて。その魔法が見つかったら、日本社会が変わるかもなって思いました。

ひろ　林下さんは、表に出して言ってる動物的欲望の中に「でも俺は浮気はしない」とか、**すごく倫理的な部分があるんですけど、それを出さないですよね。**なんで隠すんですか。

ダディ　いや、隠してるわけじゃないですけど、**俺、こう見えて1回も浮気したことないんですよ。**日本って基本的な性教育も受けてないから、俺みたいに子どもが多いだけで「お前セックスが好きでしょうがねえんだな」って思われるの。ちゃんとした性教育を受けてると、1年は365日あるけど女の人が妊娠する可能性は基本的にはたった12日、排卵日しかないんだなってわかる。排卵日しか子どもはできないんだなと頭にあれば、そういう発想にはならない。

「日本の国力のためにＡＶ作った」って言われて、すんなり納得できる人、初めて見ました（ひろゆき）

ひろ　林下さんって整体師でもあるので、人間の体とか機能とか構造に対して詳しいっていうのも、そこに行き着いた要因だと思うんですよね。頭でっかちで愛だけでもだめで、なぜ動物化できたかっていうと、やっぱ人間が動物であるっていうのを知ってるからじゃないですか。

ダディ　ほんとにうまいマッサージっていうのは、前戯との境目がないんですよ。**女の人がハッと気がついて、あれっ、いつからこんな展開にって、いや、だいぶ前からこうなってるよっていうのがプロです。**そこまで気持ちを開放的にさせなければ、プロとしては仕事できないですね。

ひろ　成田さんはじゃあ、人間を動物として把握するためにも、１回マッサージの資格を得ていただいた方が。

パンダ　林下さんは数年前にＡＶ（アダルトビデオ）に出演されてますけど、あれはどういう理屈で……。面白そうだからやってみた？

ダディ　それもありますけど、脚本書いて提出してみたら「面白いですね、これでいきましょう！」って言うから。AVとはいえ自分の作品ができるわけじゃないですか。で、なんでやったかっていうと、今の若い男どもがあんまりにもセックスが下手すぎるから。男がセックス下手だと、この国の国力が落ちるんですよ。この方面のことは総理大臣らにはできないだろうから。仕方がない俺がやろうかなと思って、懇切丁寧に女性の体の扱い方から、男女のメンタルのことから、解説したわけです。AVをやるって言ったときに、子どもらはだれも反対しませんでしたね。「相変わらず面白いことやってるなぁ」っていうだけでした。……結構、売れたらしいですよ。

ひろ　**いやなんか、「日本の国力のためにAV作った」って言われて、すんなり納得できる人、初めて見ました。**

ダディ　（笑）。

パンダ　成田さん、じゃあ最後に締めていただいて。

成田　はい。この番組ではこれまで菅偉義《すがよしひで》前総理、岸田文雄《きしだふみお》現総理をはじめとして大物政治家の皆さんを招いて少子化対策について語ってまいりました。しかし、トンネルの先の光がまったく見えないということで、今日は代わりにホモサピエンス界の浮気はしない種馬と呼ばれている林下清志さん、ビッグダディさんにお越しいただいて、究極の少子化対策について教えていただきました。林下さんありがとうございました。

ダディ　いえいえいえいえ、こちらこそありがとうございます。

「Re:Hack」はドキュメンタリー番組だと思っているんですよ。

Special Contents

日経テレ東大学
企画・構成・演出・プロデューサー
高橋弘樹

高橋

（ひろゆきさんの印象は）

どっちかっていうと悪人ですね（笑）。

Takahashi Hiroki　1981年東京生まれ。早稲田大学政治経済学部卒業。2005年テレビ東京入社。制作局でドキュメント・バラエティーなどを制作。プロデューサー・演出を担当した主な番組は『家、ついて行ってイイですか?』『吉木りさに怒られたい』『ジョージ・ポットマンの平成史』『空から村人発見!パシれ!秘境ヘリコプター』など。『TVチャンピオン』『空から日本を見てみよう』『世界ナゼそこに？日本人』『所さんの学校では教えてくれないそこんトコロ!』ではディレクターを務める。YouTubeチャンネル『日経テレ東大学』の企画・製作統括。2023年2月末にテレビ東京を退社。主な著書に『TVディレクターの演出術』（筑摩書房）、『1秒でつかむ』（ダイヤモンド社）がある。

なぜひろゆきさんと成田さんをMCに抜擢したんですか？（編集部）

この章では、『日経テレ東大学』「Re：Hack」のMCであるひろゆきさんと成田悠輔さん、そして、本書に登場するゲストの3名（蛭子能収さん、乙武洋匡さん、ビッグダディ・林下清志さん）を、〝ピラメキパンダ〟の中の人、高橋弘樹さんと一緒に深掘りしていきたいと思います（聞き手は編集部）。

——早速ですが、なぜひろゆきさんと成田さんをMCに抜擢したんですか？

高橋弘樹（以下、高橋）『日経テレ東大学』で「Re：Hack」をつくる前は、テレビに出ているタレントさんに番組出演をお願いしたり、逆に日本経済新聞にコメントするような有識者の方に出ていただいたんですが、なかなか再生回数が伸びなくて「これはキツイなあ」とへこんでたんです。

そんなときに「4歳でも分かる！にっけいしんぶん」という番組をやったら、再生回数が伸びたんです。これは、日経新聞の記者が新聞の一面の記事を4

歳の子にもわかるように解説する番組なんですけど、**「それ、わかんなーい」とか、ちょっとでも飽きるとすぐに遊んじゃうとか、**そういう感じが面白かった。忖度《そんたく》しないというか、**予定調和のない番組の方がウェブではウケるんだと思った**し、ウェブで人気の子どもさんに出てもらったら、その子どもさんのチャンネルからの流入が結構、あったんです。

それで、**「ウェブにはウェブで支持される人を出した方がいいんだ」**とわかって、ひろゆきさんに一度、ゲストとして出てもらおうと考えていたんです。

テレビでいうと、ひろゆきさんのポジションって蛭子さんだと思うんですよ（高橋）

——それまで、ひろゆきさんと仕事をしたことはあったんですか？

高橋　なかったですね。

——じゃあ、それまでのイメージは？

高橋　**どっちかっていうと悪人ですね（笑）。**やっぱり、世間で言われているイメージを相当引きずっていました。だから、**テレビマンとしては、ひろゆきさんを起用することはかなり危険**だと思ってました。

ただ、個人的には、僕は「2ちゃんねる」世代なんですよ。「2ちゃん語」**（「サーバー＝鯖」「マターリ＝まったり」などのネット用語）**を使うくらいのオタクで、ひろゆきさんにはカリスマ的なイメージを持っていました。だから、「テレビ番組だったら難しいかもしれないけど、**ウェブの番組だったらイケるんじゃないか」**「忖度しない感じはウケるんじゃないか」と思って白羽の矢を立てたんです。

――ひろゆきさん以外の候補はいなかったんですか？

高橋　いなかったですね。ただ、「ひろゆきさんっぽいな」と思っていたのは蛭子能収さんです。**テレビでいうと、ひろゆきさんのポジションって蛭子さんだと思うんですよ。**

蛭子さんって何も気にせず自由に発言するじゃないですか。世の中からの評判なんてどうでもいいと思っている。それから、**賭け麻雀で捕まったりして、ちょっとダーティなイメージがあるところも似ている。**普段の生活ではあまりお金を使わないし、服装も気にしない。なんか全部似ているんですよね。だから、テレビで「Re：Hack」みたいな番組をつくるなら、蛭子さんに声をかけたかもしれないです。

──で、ＭＣのひとりとして、ひろゆきさんが決まったと。

ＩＴ界の蛭子さんと、学者の蛭子さんがＭＣをしたらどんな番組になるんだろう（高橋）

高橋　ただ、画面でひろゆきさんを見たことはありましたけど、直接お話ししたことはなかったんです。それで、ＭＣをお願いする前に一度、インタビュー番組に出ていただいたんですよ。そうしたら、**実はちゃんとした人で、むしろ普通の人以上にちゃんとしていたので、**これなら大丈夫だろうと思ったんです。

それで、まずは「Re：Hack」の前身となる「FACT&BEYOND」という番組にゲストで出ていただきました。

「FACT&BEYOND」のゲストは何人かいたんですけど、そのひとりが成田悠輔さんでした。

――なぜ、成田さんが「FACT&BEYOND」にゲストとして呼ばれていたんですか？

高橋 出演していただくときに、やはりいろんな人をググって調べるんですけど、**成田さんのプロフィールがとても面白かった。経済学者なのに「ポエムを使ったビジネスと公共政策の想像とデザイン」**って書いてあったんです。「ポエムってなんだろう……」と思いますよね。それでツイッターを見たら、本当にポエムみたいなこと書いているし、ラブホテルの研究をしていたりするんです。成田さんの学術的な経歴を見るとすごい人っぽいのに、変なことをやってるなと思って、それで「FACT&BEYOND」のゲストとして出ていただいたんです。
そうしたら、そのときのひろゆきさんと成田さんの絡みがすごく面白かった。ひろゆきさんは目の前の問題についてズバッと論評していくスタイルですが、成田さんは寡黙《かもく》であまり喋らないけれども、謎の存在感があるし、喋ったら未来を見据えた話をします。ふたりはまったく違うタイプですが、成田さんもやっぱり蛭子さん的な要素があると感じたんです。**ＩＴ界の蛭子さんと、学者の蛭子さんがＭＣをしたらどんな番組になるんだろう**と思ったんですよ。

――ちゃんと成立するのか心配ですよね（笑）。

高橋　**実は、番組を成立させようという気持ちはあまりなくて、**「面白ければいい」くらいの気持ちで、「テレビじゃないんだから、そんな難しく考えずに**話が破綻《はたん》したら破綻したでいいや**」と思っていました。
ただ、ひろゆきさんと成田さんに完全に進行を任せると、やっぱり着地しないときがあるので、そこでピラメキパンダを入れたんです。おふたりには自由に話してもらうけれども、話の方向性は360度ではなく、90度くらいの範囲で収めてもらう。「こっちの方向ですよ」という案内をパンダがやる感じです。

ひろゆきファンの人たちが 成田さんに興味を持ち始めた（高橋）

高橋

——そして、「Re：Hack」が始まったわけですが、最初はどんな感じでした？

僕は「すごく面白いな」と思ってましたが、最初の1、2カ月は成田さんがコメント欄とかで叩かれていたんですよ。「あいつはなんだ！」みたいな感じで。それで「申し訳ないなー」と思っていたんですけど、ひろゆきさんが成田さんにめちゃめちゃ興味を持っていて「イェール大学の助教授で天才なのに、すごく変な人がいる」って、YouTubeの配信とかですごい推していたんですよ。それで、ひろゆきファンの人たちが成田さんに興味を持ち始めた。すると3カ月後くらいから「成田さん、おもしろ！」という人が増えてきました。半年したら、もう成田さんを批判するコメントはなくなって、人気が

💬 **Special Contents**

高橋弘樹 　「Re：Hack」はドキュメンタリー番組だと思っているんですよ。

確立しましたね。

――成田さん自身はMCをやることに対して、どういう反応だったんですか？

高橋 成田さん自身は、そんなに乗り気じゃなかったんじゃないですか。逆に半ば嫌がっている……いや、嫌がってはいないと思いますけど、お忙しい中、ご無理を申し上げてやっていただいている感じです。実は、**ゲスト選びも成田さんと話し合いながら……**。

――どういう決め方をしているんですか？

高橋 基本的には、成田さんがこの人に会いたいという場合もありますし、制作サイドが決める場合もあります。**ひろゆきさんは、誰がいいというよりもテーマを伝えてくる**ことが多くて、「中国問題どうっすか？」とか。だから、成田さん、ひろゆきさんに聞きながら人を選ぶ感じです。
あとは、ひろゆきさんと成田さんと話したときに化学反応を起こして、面白くなりそうだなっていう人を選ぶ場合も。

――それは、どういう人ですか？

高橋　そうですねー。蛭子さんなんか、そうですね。**僕はひろゆきさんも成田さんも、はじめから「蛭子さんっぽい」って思っていたので、**本物の蛭子さんと絡ませたらどうなるのか興味がありましたから。

成田さんは蛭子さんのことが、すごく好きなんじゃないかな（高橋）

――本書でも出てきますが、蛭子さんの回は話がどこに向かうのかハラハラしながら見ていました。

高橋　**そうですよね。先がまったく見えませんでしたね。**蛭子さんは軽度の認知症だということを公表していますし、もともと話が破綻したら破綻したでいいと思っていたので……。

――「お金」がテーマでしたよね。

高橋 そうですね。日本経済新聞とテレビ東京の公式動画ということなので、一応、経済に絡めて真面目なテーマをつけたという感じです。**3人の共通項を考えたときに「金銭観」が似てるなと思ったんですよ。**ひろゆきさんは、お金をたくさん持っているのにあまり執着がない。成田さんは「紙幣の意味」とかを研究しているのに、ひろゆきさんと同じようにお金自体にはあまり関心がない。蛭子さんはお金に対する感覚がズレているというか、普段の生活はすごく質素なのにギャンブルには大金を使ってしまう。そういう人たちの金銭感覚にすごく興味があったんです。

――蛭子さんの回を振り返るとどうですか？

高橋 あらためてですけど、3人はやっぱり似ているなと思いましたね。特にひろゆきさんと蛭子さんはすごく似ている。服装や奥さんに対する気持ちもマジで似ていると思いました。

あと、**成田さんは蛭子さんのことが、すごく好きなんじゃないかな**という気がします。あの後、旅番組の話をしたんですけど、**「蛭子さんとなら行く」と言っていたことがあって、**結局、実現しませんでしたが「ああ、蛭子さんのことが好きなんだな」と思いました。

最近、成田さんに話を聞くと「**公園でふらふらしているおじさんみたいに生きればいい」**みたいなことを言うんです。それって蛭子さんっぽいですよね。

それが、幸せの形のひとつだと思うんです。

蛭子さんって、お金を自分が好きなことに使っちゃったり、お酒を飲んでふらふらしているイメージがあるんですけど、すごく幸せそうじゃないですか。それが幸せだし、その非合理性みたいなところが成田さんは好きなんだと思います。

アルゴリズム的なもので支配される世の中になると、ああいうスタイルが幸せになるというのが成田さんの答えだと思います。必要な政策とか、必要な解決方法を全部アルゴリズムが提案してくれるようになったら、**「やりがい」**

とか「生きがい」を無理につくり出さなくていいというのが、成田さんの世界観だと思うんです。だから、ギャンブルに熱中するとか、エロいことを考えるとか、ボーッとしているとか、そういうことに幸せを感じることになる。そして、それを体現しているのが蛭子さんなんじゃないですかね。まあ、これは僕の解釈で、成田さんはどう思っているのか知りませんが（笑）。

自分の立場からだけで強く批判しちゃいけないこともある（高橋）

――乙武洋匡さんがゲストの回はどうですか？

高橋　乙武さんはひろゆきさんと仲が良くて、仲が良い人を呼ぶとどうなるのかなと思ったんです。あと、**乙武さんは不倫スキャンダルの後のことをあまり聞いていなかったので、**スキャンダルから再起するってどういうことなのかなとか、障がいを持って生きるということについても聞きたかったんです。だから、**ブッキングの意図としては「性欲と障がい」ですね。**

乙武さんの回を振り返って、やはり一番、印象的だったのは性欲の話ですね。確かに不倫スキャンダルがあって、「性欲の権化」みたいに言われているけれども、**自分が射精に至った回数というのは、一般人と比べると少ないはずだ**と言ってましたよね。

――手がないので自分で処理できないということですよね。

高橋　そうです。それを聞いて「へー」と思いました。立場が違えば、それは障がいを持っているかいないかだけじゃなくて、例えばテレビ局と出版社だって、わからないことっていっぱいあるじゃないですか。だから、**自分の立場からだけで強く批判しちゃいけないこともあるんだな**と思いましたね。乙武さんがゲストの回では、いろんなことを考えさせられました。

――そして、〝ビッグダディ〟こと林下清志さん。

高橋　**ビッグダディは、乙武さんとの話に伏線があったんですよ。**乙武さんの性欲の話が出たときに、そういえば〝性欲と少子化〟というテーマで番組をつくりたかったことを思い出したんです。

「少子化」の逆は「子だくさん」じゃないですか。そこで、ビッグダディが頭に浮かんだんです。これは直感です。

嘘なく語ってもらうことだけは大事にしています（高橋）

高橋　「Re：Hack」はウェブなので、政治家やタレントさんじゃなくて、赤裸々に自分のことを語ってくれる人がいいと思ったんです。ビッグダディは、テレビ番組とかですでにプライベートを曝け出しているじゃないですか。だから、守りに入らないでいろいろ話してくれるんじゃないかなと思ったんです。
ただ、ひろゆきさんや成田さんと嚙み合うかが不安だったので、**普段はあまり聞かないいんですけど、ひろゆきさんに「大丈夫ですか？」って聞いたんですよ。**そうしたら、ひろゆきさんはビッグダディの番組が大好きで「毎年、お正月に家でお酒を飲みながらよく見てた」って言うんです。まったく知らないと話ができないけれども、よく見ていたなら大丈夫だろうということで決めました。

——成田さんもわりと興味を持って話していましたよね。

高橋 ビッグダディの話は「これが世の中の常識だ」「正解だ」ということからは、かけ離れていますし、ビッグダディの子育てが成功しているかというと、正直、よくわからないところもあるんですが、子どもの借金を返済したり、自分の子どもじゃなくても、家族として育てるみたいな部分がやっぱりカッコイイですよね。

——ビッグダディは「とにかく子どもを育てればいいんだ」って言ってましたよね。

高橋 言ってましたね。**理屈じゃないところがいいんですよね。**ビッグダディは、やはり本質をつく話をするから心に響くんじゃないですかね。

——蛭子さん、乙武さん、ビッグダディの回は面白いだけじゃなくて、人生にとって大切なことも言ってますよね。それは狙いとしてあったんですか？

高橋 狙ってはいないんですけど、**目の前で起こっている事象や会話から、本質的なことを抽出する**という感じですかね。

ひろゆきさんと成田さんは、すごく深く話を聞いてくれたり、広げてくれたりするので、そこから本質が覗《のぞ》けるんですよ。ただ、覗けているんだけどわかりにくいので、パンダが本質を抽出してちょっとわかりやすく説明する、みたいなことはあります。だから狙ってはいないですね。

ただ、狙っているとしたら、「ドキュメンタリーとして成立させよう」ということです。

——それは、すべてを脱ぎ捨てて、自分のことを語ってもらうということですか？

高橋　そうですね。**嘘なく語ってもらうことだけは大事にしています。**嘘がなければ、その本質の部分を番組側がちゃんと拾って、「これはこういうことなんだ」ということを編集やパンダの発言などで伝えることができますから。

――逆にいうと、ゲストに嘘なく語ってもらえるMCが、ひろゆきさんと成田さんだったということですかね。

高橋　そうですね。だから、すごくハマったんでしょうね。

「その時代にしかつくれないもの。描けないもの」ってあると思うんです（高橋）

高橋　**僕は「Re：Hack」は1時間収録のドキュメンタリー番組だと思っているんですよ。**

僕はよく「Re：Hack」は〝令和の徹子の部屋〟にしたいと言ってて。『徹子の部屋』って、いろんな人がゲストで出てくるじゃないですか。そして、何かあったときに「そういえば「『Re：Hack』に出てたな」「そんなことを言っていたな」という。そんな番組になるといいな、と。

――そういう狙いもあるんですね。

高橋 「ドキュメンタリーをつくりたい」というのは「時代を描きたい」ということでもあるんですが、**「その時代にしかつくれないもの。描けないもの」ってあると思うんです。**そして、100年後とか200年後の人たちが見て、「ああ、令和ってこういう時代だったのか」とわかるような、そういう記録をすることも映像の役割だと思うんです。
ですから、**「この時代を代表するような人」というのも、MCやゲストを選ぶときの要素としては入っていますね。**

――それを、おふたりに伝えたことはあるんですか？

高橋 いや、ないですね。それは、作り手側の思いなので。おふたりは楽しくやっていただければ、それで十分ですから。

――MCのおふたりに問題点があるとしたら、どんなことですかね?

高橋 それは、もう……まあ、問題点というほどのことではないですけど、**〝予測がつかない〟ことです。**おふたりともマネージャーさんがいないじゃないですか。ご本人がやっているので、スケジュール調整とか結構、ハラハラなんですよ。**「ちゃんと時間通りにスタジオに来てくれるかな」「ちゃんとネットに接続してくれるかな」って。**おふたりは、別にメディアに出なくてもやっていける人ですから、嫌になったらいつでも辞めてもいいと思っている。だから、こちらも真剣にやらないと飽きられるという緊張感があるんですよ。**そのヒリヒリ感がありますよね。でも、それがいいところでもありますから。**

――そこが、他のMCの人では出せない魅力でもありますからね。

高橋　そうですね。

——この章を読んだ後に、もう一度、蛭子さん、乙武さん、ビッグダディの話を読むと、ちょっと違う視点で楽しめるかもしれませんね。ありがとうございました。

高橋　ありがとうございました。

おわりに

自由というか適当というか、放置主義について

――ひろゆき

「Re:Hack」のオファーをもらう少し前に、高橋弘樹さん（テレビ東京プロデューサー／当時）の番組に呼ばれたことがあります。そこで高橋さんは「こいつをMCにしても大丈夫そうだ」と思ったらしく、僕と成田悠輔さんをMCにする流れで「Re:Hack」が決まったようです。

ただ、僕はMCでもコメンテーターでも、あまりやることは変わらないです。だから、いつもの感じで引き受けました。成田さんはゲストの人選や段取りなんかをスタッフの方と話されていたようですけど、僕はそこに全然かかわっていないんです。だから、僕からすると、この番組の真のMCは成田さんなんですよね（笑）。

高橋さんには、番組作りについて少しだけアドバイスした記憶があります。「高橋さんはテレビ東京の社員なので、例えば『ワールドビジネスサテライト』とかの、本番前の裏側を動画でとってYouTubeにあげると見る人が増えますよ」みたいな内容でした。もともと人気のあるコンテンツを利用する方が、それに興味があるユーザーがついてくるじゃないですか。ゼロから何かを立ち上げるより楽だし、どこかにコバンザメみたいにくっついて恩恵を受ける方がいいですよってアドバイスしたんです。

でも、それが「Re:Hack」に生かされているわけでもないですよね。あと「どうせなら、とがったことをやった方がいいですよ」とも言った気がします。それは高橋さんが『家、ついて行ってイイですか?』みたいなとがったテレビ番組を作ってきた人だからです。

僕自身は、この番組で「全然知らない人だけど、話してみたら面白い人だった」っていう経験が何度かあるんですが、今までゲストの選定にタッチしたこともないし、前もって知らされたこともほぼないんです。いつも「スケジュールは、いつ空いてますか?」って聞かれて、収録の直前にZOOM

のＵＲＬと台本という名の〝ペラ一枚の紙〟が送られてくるだけ。**1時間半喋るのにペラ一枚っていうのもどうかと思うんですけどね。**で、そこにゲストの名前が書いてあって「へー」って思うんです。ちなみにそのペラ一枚の台本には、成田さんの挨拶だけが書いてあったりします。あと、ゲストの人物紹介と「こういうことを話した方がいいですよ」っていう数行の箇条書き。……本当に適当なんだなあってことがわかる台本です。

「Re:Hack」って、かなり〝ざっくりな進行＝適当〟なんです。まあ、他のウェブ系の番組もざっくりな進行のことが多く、予算がないので台本もそんなに作り込まない。だから「自由にやってください」っていう感じのことが多い。でも、「はじめに」でも言いましたが、他の番組は自由にやっていいと言っても、一線を越えたら止められちゃいます。それが、「Re:Hack」は止めないんです。**適当というか、放置主義。この番組は「自由にやってください」の自由の幅がちょっとおかしいんですよ。**

成田さんも番組に遅刻してきたりして、それでもそのまま進行しちゃうのが、自由というか無茶苦茶です。**まあ、３人ともこの番組に思い入れがない**

んでしょうね。そんなに大事だと思ってないんですよ、きっと（笑）。

僕も成田さんも、好きにしゃべって「それ以上やるなら、あなたたちは出しません」って言われたら「わかりましたー！」ってなるだけです。

そういった思い入れのなさが、この番組の良さなのか、面白さなのか、何かに繋がっているのかもしれません。

……なんか他人事ですみません（笑）。

Epilogue

おわりに

自由というか適当というか、放置主義について本書の「Episode 1」「Episode 2」「Episode 3」は、YouTubeチャンネル『日経テレ東大学』の「Re:Hack」で公開された左記の動画をテキスト化し再構成したものです。一部に未公開トークを含みます。

なお本書の「はじめに」「おわりに」「Special Contents」は書き下ろしです。

Episode 1
【ひろゆきvs蛭子】お金ってそんなに必要ですか？【お金が欲しいと言いつつギャンブルで擦る理由は？】
【ひろゆき×蛭子能収】なぜお金舞い込む？…妻に頭あがらぬ2人【マフィア論的分析】

Episode 2
【ひろゆき&成田悠輔】拷問国家・日本…「乙武洋匡」を見て見ぬフリする「悪魔の正体」【文春砲の裏】
【ひろゆき&成田悠輔】乙武洋匡が全て暴露…「障がい」って本当は何？【ドローンで乙武さん飛ばす人々】

Episode 3
【ひろゆき&成田悠輔】暴露！LINE800通、一晩でくる訳【日本衰退の理由とは？】
【ひろゆき&成田悠輔】急展開！日本が熱狂したビッグダディ「真の正体」【赤裸々暴露】

ひろゆき

本名：西村博之。1976年神奈川県生まれ。東京都北区赤羽で育つ。96年、中央大学へと進学。在学中に、アメリカ・アーカンソー州に留学。99年、インターネットの匿名掲示板「2ちゃんねる」を開設し、管理人になる。2015年、英語圏最大の匿名掲示板「4chan」の管理人に。19年、SNSサービス「ペンギン村」をリリース。現在はフランス・パリに拠点を置き、多岐にわたり活動する。主な著書に、『1%の努力』『99%はバイアス』（すべてダイヤモンド社）、『ひろゆきのシン・未来予測』（マガジンハウス）、『ひろゆきと考える 竹中平蔵はなぜ嫌われるのか?』（竹中平蔵氏と共著／集英社）がある。

日経テレ東大学

テレビ東京コミュニケーションズと日本経済新聞社が運営するYouTubeチャンネル。「本格的な経済・ビジネスを、もっと楽しく学ぶ」をテーマに、大学の授業になぞらえたコンテンツ（番組）を配信し、チャンネル登録者数は100万人超に（2023年3月末時点）。主な番組は「Re:Hack」の他、経済討論番組「FACT LOGICAL」、天才たちへのインタビュー番組「まったりFUKABORI」など。難解になりがちな政治・経済・ビジネスの情報を気軽に楽しめるコンテンツが人気を博した。2023年3月末、終了。

日経テレ東大学

経済Laboプロデューサー

佐々木康、村野孝直、関根晋作、大石信行、
本田光範、遠藤哲也、間宮由玲子、曹ちゃお

クリエイティブデザイン

行田尚史、川上慎平

チーフプロデューサー

伊藤隆行

プロデューサー

神山祐人、森本泰介、岩上武司

制作

川島未幸、阿部勇治

ディレクター

今井雄大

企画・構成・演出・プロデューサー

高橋弘樹

生《せい》か、死《し》か、お金《かね》か

日経《につけい》テレ東大学《とうだいがく》「Re《リ》:Hack《ハック》」白熱講義録《はくねつこうぎろく》

2023年５月31日　第1刷発行

著者
ひろゆき
テレビ東京《とうきょう》

発行者
岩瀬朗

発行所
株式会社　集英社インターナショナル
〒101-0064 東京都千代田区神田猿楽町1-5-18
電話：03-5211-2632

発売所
株式会社　集英社
〒101-8050 東京都千代田区一ツ橋2-5-10
電話：読者係03-3230-6080　販売部：03-3230-6393（書店専用）

ブックデザイン
新井大輔、八木麻祐子（装幀新井）

編集協力
村上隆保（湘南バーベキュークラブ）

印刷所
凸版印刷株式会社

製本所
ナショナル製本協同組合

ISBN978-4-7976-7421-7 C0030

定価はカバーに表示してあります。